会計事務所の 事業承継・ M&Aの実務

辻・本郷税理士法人
辻・本郷ビジネスコンサルティング株式会社 編著
黒仁田 健・土橋 道章 共著

税務研究会出版局

はじめに

　近年、事業承継について国を挙げて取り組みがなされており、会計事務所を経営されている先生方も顧問先から相談される機会も増えてきていることと思います。

　事業承継と一口に申しましても、株式等の経営権の承継や工場・事務所といった事業用資産の承継、また、経営者の経営ノウハウや取引先や従業員からの信頼など、多方面での検討が必要となります。

　一方、税理士の事業承継は、もっと難しいといえます。それは、税理士には、事務所を経営していく経営者としての資質に加えて、資格の壁があるからです。税理士は、他の士業や医師等と同じく資格を保有していることが事業を行う大前提となります。

　したがいまして、後継者にしようと考えている子供や長年勤めてくれている従業員に引き継ぎたくても、税理士資格を持っていなければ、いくら経営的な資質がある候補者であっても事業承継することができません。

　その場合の選択肢として、廃業するか、M＆Aをするかということになりますが、近年はM＆Aを選択するケースが非常に増えてきています。

　顧問先のこと、従業員のことを考えると、安心して引き継げることが重要です。税理士の事業継続がうまくいかない場合には、顧問先の経営者やその従業員、そしてその家族、一緒に働いてくれている従業員が路頭に迷う可能性があるからです。

　辻・本郷税理士法人は、会計事務所の事業承継をM＆Aというカタチで、当事者として実践しています。著者である私たち自身もM＆Aにより事務所を統合された経験や、事業承継させて頂いた事務所の後継者として承継業務を実践してきています。

　事業承継の後継者として承継業務を行って実感したことは、税理士の皆さんが先代のやり方を引き継がなければいけないという気持ちが強くなりすぎているのではないかという点です。

　後継者は「引き継ぐ」ことに力点を置くのではなく、「つなぐ」ことを意

識した方が、スムーズに進むのではないかと思います。

　また、先代の方でも、「自分のやり方をそのまま引き継いでほしい」と考えている場合だと、「なぜ同じようにやらないんだ、できないんだ」となり、マイナスの点に目が行ってしまいます。「つないでくれる」人がいるという想いで考えていただくと、後継者への考え方も変わってくるのではないでしょうか。

　後継者は、先代と同じことができるわけではありません。また、そのまま引き継ぐことよりも、自分でできないことは、多くの仲間の力を借りて解決できればいいのだと考えると負担も減ります。

　M&Aで経営統合したある先生から「M&Aの話はプラスで考えた。マイナスのことを考えると踏み切れない。一緒になったらいろんな課題はあるのだから、プラスをイメージできる相手を選ぶこと。そして、最終的には自分だけでなく従業員や顧問先に安心感があることが大事だと思う。」とお話頂きました。

　これは税理士として、経営者として、今後の事務所を見据えた一つの結論です。

　数々の経営者と接してこられてきた先生方でも、会計事務所の事業承継に接する機会は多くないと思います。50以上の会計事務所と事業承継をしてきた実体験から、会計事務所の事業承継とM&Aにおいて押さえておくべきポイント、その判断材料、そして手続きをまとめました。

　本書が税理士業界の円滑な事業承継の一助になればと思い、当事者として事業承継の現場で経験をしてきたことを、手続きや法的な観点に加え、課題を含めてまとめましたので、実務書として活用していただければ幸甚です。

　　令和2年7月30日

　　　　　　　　　　辻・本郷税理士法人

　　　　　　　　　　　　経営企画室長　黒仁田　健

　　　　　　　　　　辻・本郷ビジネスコンサルティング株式会社

　　　　　　　　　　　　代表取締役社長　土橋　道章

目　　次

第1章　会計事務所の事業承継について

第2章　会計事務所の M&A の手続きと留意点

第3章　会計事務所 M&A の実務 Q&A

第4章　成長戦略としての M&A
～M&A を活かすための仕組みづくり（実践編）～

第1章
会計事務所の事業承継について

会計事務所業界の現状と課題

(1)　会計事務所業界は、実は成長産業？

　AIやRPAの影響により、税理士業務がなくなってしまうという話や税理士試験受験者数が減少している話を聞くにつれ、税理士の方は自信がなくなってしまっているのではないでしょうか。

　ちょっと待ってください。会計事務所業界は、実は成長産業です。

　下記のデータをみてください。何十年も前から斜陽産業の扱いを受けていますが、データからみると業界全体の収入だけでなく、従業者数も伸びています。

	平成25年	平成26年	平成27年	平成28年	平成29年
売上　（千円）	1,369,890	1,454,971	1,506,719	1,665,072	1,627,523
従業者数　（人）	169,700	181,900	179,700	186,600	184,500

出典：平成25年〜29年経済センサス調査結果（総務省統計局）

(2)　会計事務所業界の労働市場と商品市場の課題

　労働市場をみてみれば、少子化に伴い多くの業界・企業で採用難です。人材獲得は、会計事務所業界に限らず課題となっています。

　人材が流動化しやすい状況もあり、また、成熟社会の中で価値観が多様化しており、働く組織を決める動機が多様化する中、選ばれるための環境づくりやアピールも重要な時代となっています。

　そんな中、会計事務所業界はどうでしょうか。

　新3K（きつい、厳しい、帰れない）の職場と敬遠されている話を聞きます。

　昔と違ってブラック企業と烙印を押されたら生き残れない時代です。特に

会計事務所業界は、確定申告や3月決算等の繁忙期において時間規制をどうクリアしていくかが課題となります。順次施行されている働き方改革に関連する法に対して、具体的に何をするべきかを考え、実践する必要があります。

　もちろん、労働市場の変化に対応しないと会計事務所業界も採用難に対応できませんが、比較的近い業種のコンサルティング業界は、就職ランキングで人気の高い会社もあるわけですから、参考にしながら模索していく必要があります。

⑶　1人当たりの売上が低い会計業界？

	平成25年	平成26年	平成27年	平成28年	平成29年
売上　（千円）	1,369,890	1,454,971	1,506,719	1,665,072	1,627,523
1人当たり売上　（千円）	8,072	8,001	8,385	8,925	8,822

出典：平成25年〜29年経済センサス調査結果（総務省統計局）

　このデータから気になる点は、会計事務所業界の1人当たりの売上が低いことです。会計事務所業界に比較的近いコンサルティング業界が2,000万円であるのに対して、会計事務所業界は900万円弱となっています。

　この数字をみると、確かに会計事務所業界は魅力がないと思えるかもしれません。コンサルティング業界に人気があるのも頷けます。

　会計事務所業界も1人当たりの売上が上がるよう業務全体を見直し、付加価値を高めるために何が必要かを考えていかなければ生き残ることは難しくなるでしょう。

⑷　税理士資格に魅力がなくなってきている？

　そもそも、税理士になりたいという人は増えているのでしょうか。魅力がある資格といえるのかは税理士試験の受験者数からもみて取れます。

　国税庁による税理士試験の申込者数の資料をご覧ください。平成30年度の

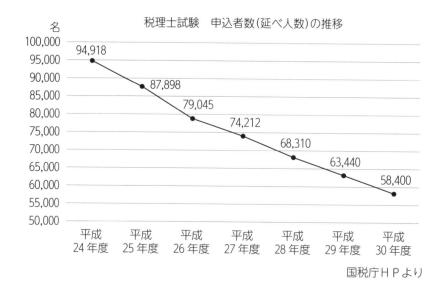

税理士試験　申込者数(延べ人数)の推移

名
100,000
95,000　94,918
90,000
85,000　　　87,898
80,000　　　　　79,045
75,000　　　　　　　74,212
70,000　　　　　　　　　　68,310
65,000　　　　　　　　　　　　63,440
60,000　　　　　　　　　　　　　　58,400
55,000
50,000

平成　　平成　　平成　　平成　　平成　　平成　　平成
24年度　25年度　26年度　27年度　28年度　29年度　30年度

国税庁ＨＰより

申込者数が、平成24年度に比べて60％程度となっており、急激に減少しています。

　参考までに申し上げると、受験者数が減っているのは税理士試験だけではありません。

　また、AI技術等の発展により記帳代行業務の需要が下がり、税理士の仕事がなくなるのではないかという将来への懸念や、中小企業が減少していることから顧問先が減るという漠然とした不安が高まり、会計事務所業界の魅力がなくなっているのかもしれません。

　特に人材の流動化が激しいといわれている会計事務所業界において、採用・育成をどうするか、また、事務所に定着してもらうためには何が必要かを考えることは喫緊の課題といえます。

(5)　AIによる代替可能性の高い税理士業務

　会計事務所にとって、AIやRPA化への対応はもはや避けて通ることができません。記帳業務はRPA化によって自動化されます。英オックス

フォード大学マイケル・A・オズボーン准教授により、近い将来、AI によって代わられる可能性が高い職業が発表され、その中に「簿記、会計、監査の事務員」が挙げられています。

しかし、AI や RPA に対してネガティブなイメージを持つのではなく、むしろ積極的に取り入れ、自動化できる部分は自動化し、空いた時間で付加価値の高い業務をすることが重要と考えます。

人手不足の問題もあるので、より効率的に業務を行い、属人的になりつつあった業務をなるべくシステム化・標準化する必要があります。

例えば、入社したばかりのスタッフでも、業務の全体像、業務フロー、書類がどこに格納されてあるかなどが理解できれば、すぐに作業をすることが可能となります。

法人周辺業務（月次〜決算まで）、相続税申告業務、事業承継業務、会社設立業務をそれぞれまとめ、各サイトをみれば、誰かに聞かなくても、業務の流れや業務で使用する書式を確認し使用できるようになるイメージです。

⑹ 属人的な業務を標準化できる RPA の開発

担当者しかその顧問先のことを知らず、その担当者が退職した場合や担当が変更になった場合の引継ぎがはかどらないことは、この業界にいる人なら誰でも経験しているのではないでしょうか。

会計事務所の業務の特徴として、顧問先を 1 人で担当するケースが多く、その顧問先のことを担当者以外は何もわからず、その担当者のやり方で業務を進めているので、属人的になっています。また、顧問先ごとに提供しているサービスが違うケースが多く、ある種のオーダーメイドで業務を進めているため、その担当者の退職時には引継ぎに時間がかかるのはよくある話です。

RPA を開発する場合には、業務フローを明示しないと、どの部分で RPA を開発できるかわからないため、ある意味業務フローが見える化されます。

また、業務フローで共通する点をみつけていけば、より有効に RPA の活用ができます。RPA が会計事務所の仕事を奪うのではなく、RPA に人の分

身として動いてもらうイメージです。自分のかわいい分身の RPA を産み出し育てることができれば、相当な働き手として期待ができます。

(7) 所長税理士の業務の標準化

　会計事務所の業界は、会計ソフトや ERP、AI、RPA などシステム化、デジタル化とともに発展してきました。その中で、属人的な業務は、順次、標準化されてきましたが、所長税理士が担っている部分のうち顧問先との信頼関係や専門性の高い助言・相談業務については、標準化が難しい部分であります。

なぜ会計事務所の事業承継は難しいのか

　会計事務所の事業承継は、なぜ難しいのでしょうか。

　ごくシンプルに考えますと、会計事務所の事業は、顧問契約と雇用契約で成り立っています。したがって、これらの契約を減らすことなく引き継ぐことができれば、事業としては無事承継がなされます。

　失敗の定義はいろいろあるかと思いますが、ここでは、顧問契約と雇用契約が引き継げないケースを想定します。

(1)　所長税理士はスター

　資格者である所長税理士と補助者としての職員がいる事務所の場合を考えてみます。

　顧問先からみて、経営者の良き相談相手となっている所長税理士は、事務所の顔でありスターです。難しい判断や相談は、職員ではなく信頼の厚い所長税理士に仰ぐことになります。

　なぜなら、条文や判例に書いてあることは顧問先がインターネットを用いて検索できるのですが、その税法的な解釈や判断に加え、経営面での相談も含めて幅広い視点から所長税理士の意見を聞きたいからです。この点については、経験や年数に比例して、ノウハウが蓄積される部分であり、所長税理士の後継者は、その習得に時間がかかります。同じ経験ができるものではないので、たとえ時間をかけたとしても所長税理士と同じレベルに達せられるわけではありません。

　そもそも知識や情報が所長税理士に集まりやすく、また顧問先からも所長税理士への信頼をよせやすい事業なのです。

(2) 少人数事務所が多い

　会計事務所は、所長税理士を中心とした個人事務所が多いといわれています。実際に当社が承継した事務所の割合も、職員数が10名以下の事務所が85％、5名以下の事務所が43％となっています。

　会計事務所は事業として大きな組織がなじまないわけではないですが、1人でも事業がこなせてしまう業態です。組織にしていくには士業としての専門家である側面に加え、営業やマネジメントなどの実施も必要となります。

　また、従業員を採用し、給料を支払いながら教育して、実務経験を積んでもらい、担当者として顧問先を担当できるようになるまで育てるのに、相応の期間が必要となります。

　何でも1人でするのが一番効率がいいと言う所長税理士もいます。人が増えるほど、人間関係など、税務会計の業務以外にも気を遣う必要が出てくるからです。

　このような点から、事務所内から後継者を見出して育てることが難しい事業であると考えられます。

(3) 資格者の独立

　会計事務所業界は、資格という参入障壁はあるものの、基本的には知識・労働集約型の事業であるため、大げさに言えば身体一つで事業を始めることができます。

　したがいまして、税理士の資格者は、いつでも独立できるというリスクがあります。従業員の成長を喜ばない所長税理士はいないと思いますが、せっかく時間とお金を使って育てた従業員が独立してしまう場合、職員数が少ない事務所ほど事業への影響が大きくなります。

　また、申告書の作成や税務に関する実務は、基本的にはどの事務所でも同じ業務であり、経験年数や経歴・面談からどの程度の業務ができるかを把握しやすいため、転職もしやすい業種であると考えられます。

⑷ 後継者との関係

　⑴~⑶を踏まえると、承継に向けた後継者との関係もこれまでとは対応を変える必要があると考えられます。

　親族内への承継やM&Aなど、ケースにより異なりますが、いずれにしても所長税理士が事業承継を行っていく上で、ご自身の立ち位置が重要となります。

　一般的に、うまくいっている事例としては以下のような関係性をとっている方が多いです。

【後継者への引継ぎが成功しているケース】

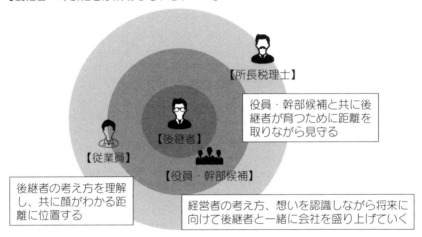

【所長税理士】

役員・幹部候補と共に後継者が育つために距離を取りながら見守る

【後継者】

【従業員】

【役員・幹部候補】

後継者の考え方を理解し、共に顔がわかる距離に位置する

経営者の考え方、想いを認識しながら将来に向けて後継者と一緒に会社を盛り上げていく

【後継者への引継ぎが失敗しているケース】

【所長税理士】

【後継者】

子離れができないため、経営に対して持論を持ち出してしまう

【役員・幹部候補】

【従業員】

後継者とのコミュニケーション不足により、互いに考え方を理解できず距離を置いている

後継への興味がないため、将来のことより、現在の待遇が重要と考える

第3節　会計事務所の規模と事業承継

　会計事務所と一口に言いましても、規模や提供するサービスが様々であり、事業承継の進め方も全て同じというわけではありません。事務所人数を目安に区分してみた場合に、事業承継の進め方に際して次のような検討が一般的に必要と考えられます。

(1)　5名以下の事務所

　所長税理士1名とパートなどで運営している事務所です。所長税理士がいないと事業が継続できない反面、すべての業務に所長税理士の目が届き管理がされています。

　所長税理士が業務対応できる範囲での営業活動や採用活動で良いため、効率的な事務所運営ができる反面、顧問先も従業員も所長税理士個人を中心とした関係でつながっていることが多いです。

　したがって、事業承継の際には顧問契約や雇用契約の継続を所長税理士がいなくなっても維持できるよう、丁寧に実施することが必要です。

　また、少数精鋭の専門領域に特化した形態で行っている場合には、一般の会計事務所では引き受けが困難であるケースが多いため、承継を行うのがより難しくなると考えられます。事務所の承継というよりは、信頼できる同業者への顧問先のあっせんという側面が強くなると考えられます。

(2)　10名以下の事務所

　(1)に加え、担当者として正社員を雇用している事務所です。所長税理士は、税務会計業務に加え、営業活動、従業員の業務や人間関係のフォローなどを行います。

11

事務所全体の業務に対し、担当者1人に帰属する業務の割合が多いため、急な退職などが起きないよう気を遣って対応する必要があります。

同様に、事業承継の際に1人でも退職する場合は、業務への支障が出てきますので注意が必要です。

(3)　30名以下の事務所

(2)の担当者が複数名在籍し、複数の部門がある事務所です。担当者を統括する部門長がおり、所長税理士は営業と組織マネジメントをしています。各部門を統括する部門長は、営業面・人事面からキーマンになっていることが多いため、業務や人材が過度に偏っていないか、部門長への負荷がかかりすぎていないか、確認が必要となります。

また、部門長に事業の承継をする場合、他部門との人間関係や税務会計以外のマネジメントといった部分を任せられるかについても併せて検討する必要があると考えられます。

記帳代行や給与計算、決算書の作成・説明から日ごろの相談まで、部門長が行っている顧問先も多いと思います。事業承継に際して、部門長に丁寧に説明をし、顧問契約や雇用契約が減らないよう注意しながら進める必要があると考えられます。

(4)　30名以上の事務所

(3)に加え、管理部門や5名以上の部門が複数あるなど組織化された事務所です。所長税理士は、組織マネジメントやルールづくり、経営方針に多くの時間を割きます。ルールや文化が出来上がっているため、現状の運営がうまくいっているようであれば、事業承継により大幅に内容を変えない方が良いと考えられます。

社内からの後継者の選出も検討できる一方で、30名以上の事務所を従業員が買い取ることは資金的な負担が難しいため、顧問としての関与や分割払いの許容などの対応が必要となります。

データでみる会計事務所の M&A

(1) 承継時の所長税理士の年齢

　当社で M&A を実施した事務所の所長税理士の年齢を分類しますと下記のようになります。一番多い年齢層は、60歳～65歳で26％となっています。続いて、65歳～70歳までが19％となっており、60歳代で M&A を実施した方が45％を占めます。

　なお、60歳以上での実施が81％となっており、事業承継を目的としているところが会計事務所業界の M&A の特徴だとデータからも確認できます。

＜承継時の所長税理士の年齢＞

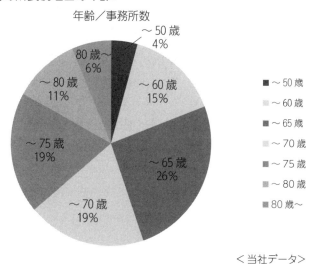

年齢／事務所数

～50 歳 4%
～60 歳 15%
～65 歳 26%
～70 歳 19%
～75 歳 19%
～80 歳 11%
80 歳～ 6%

■～50 歳
■～60 歳
■～65 歳
■～70 歳
■～75 歳
■～80 歳
■80 歳～

＜当社データ＞

(2) 事務所の人数規模

　M&Aをした事務所の人数規模をみてみます。5人〜10人が42％で一番多くなっており、続いて4人〜5人で30％、3人以下が13％となっており、10人以下の割合が85％となっています。

　組織別にみると90％以上が個人事務所で、税理士法人のM&Aは少数となっています。

＜承継事務所の人数規模＞

従業員数／事務所数

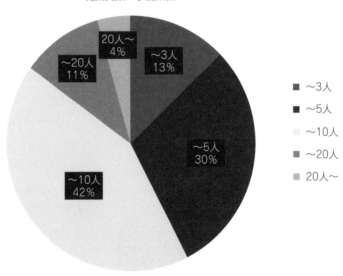

- ■ 〜3人
- ■ 〜5人
- 〜10人
- ■ 〜20人
- 20人〜

＜当社データ＞

第5節 事業承継を考える主な要因

　所長税理士が事業承継を考えるきっかけは、一つに限らず、複数の要因であることが多いようですが、その背景について整理をしていきます。

(1) 健康の問題・高齢化

　事業会社の事業承継と同様ですが、健康の問題や高齢化をきっかけとするケースが一番多いといえます。

　当社の事例ですが、病気で余命数か月と宣告された先生からの事業承継で、クロージングしてから1週間後に入院され、2か月後にお亡くなりになったケースもあります。

　逆に、40歳代で病気になり事業承継をしましたが、その後回復・完治し、独立したケースもあります。

　税理士に定年はありませんので、やめるかやめないかの線引きは自分で決めることになりますが、若い時に病気をしたり、セカンドライフを考えたりした結果、一定の年齢で承継することを計画的に準備するケースも少なくありません。税理士になる前に他の業種でサラリーマン等を経験された方に比較的多く見受けられます。セカンドライフとして、趣味をはじめ、地域活動等に積極的に参加される場合もあります。

　また、自身が事業承継の経験を持つ2代目、3代目の所長税理士の場合、先代が急に亡くなり自身が事業承継時に苦労したので計画的に進めたいと考えるケースも見受けられます。突然事業承継された場合の顧問先や従業員への影響を考えて、事前に計画的に進められています。

　ちなみに、税理士の年齢別構成比は、2015年の日本税理士会連合会の調査によると、60歳代が30.1％、70歳代が13.3％、80歳代が10.4％と60歳代以上

15

の構成割合が53.8％と過半数を超えており、20歳代から40歳代の合計が28％ですので、その半分の割合となっています。後継者となる税理士が少ないことも、税理士の事業承継を難しくしている一つの要因として見えてきます。

登録区分別	回答者数	年齢層															
		20歳代		30歳代		40歳代		50歳代		60歳代		70歳代		80歳代以上		無記入	
		件数	%	件数	%	件数	%	件数	%	件数	%	件数	%	件数	%	件数	%
合計	32,747	187	0.6%	3,358	10.3%	5,599	17.1%	5,817	17.8%	9,868	30.1%	4,343	13.3%	3,421	10.4%	154	0.5%
開業税理士	24,950	29	0.1%	1,238	5.0%	3,373	13.5%	4,516	18.1%	8,840	35.4%	3,849	15.4%	2,991	12.0%	114	0.5%
補助税理士	4,247	143	3.4%	1,661	39.1%	1,338	31.5%	496	11.7%	305	7.2%	108	2.5%	180	4.2%	16	0.4%
社員税理士	3,550	15	0.4%	459	12.9%	888	25.0%	805	22.7%	723	20.4%	386	10.9%	250	7.0%	24	0.7%

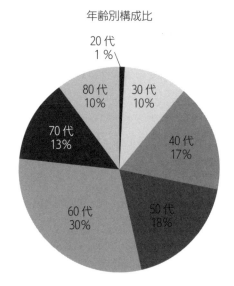

年齢別構成比

出典：日本税理士会連合会『第6回税理士実態調査報告書（2015年）』

(2)　後継者が不在

　親族や従業員を後継者として育成しようとする場合にも、一定の期間を必要とします。

　親族に引き継ごうと、実務経験もさせ、あとは税理士試験に合格するだけという状況の中で合格ができない場合もあれば、親族の中には後継者がいないので、従業員に声を掛け税理士試験の勉強をさせているがなかなか合格できない場合もあります。

　逆に、税理士試験には合格した親族がいても、本人に会計事務所を継続する意思がなく、他の業界に転職するといった理由から本格的に事業承継を検討されるケースもあります。

　親族に後継者候補がいない場合で、後継者の人選、育成をするために、キャリアプランを早いうちから事務所内で示していて、後継者だと考えていた従業員が税理士として成長したのでバトンタッチをしようと考えていたが、独立を切り出されたという話も耳にします。

　育成に尽力しても、独立された場合には、新たな候補者を育成する必要があります。それを繰り返していくうちに、親族や社内で後継者を選定するのをやめて、M＆Aを考えるケースも少なくありません。

　事業承継したいタイミングで税理士資格を有している者に引き継ぐことは、本当に難しいと実感します。

(3)　マネジメントへの疲労

　顧問先が増え、従業員も増えていき事務所の規模が拡大するにつれて、組織としての体制作り、マネジメントに注力することが多くなります。

　前述した、所長税理士としての顧客へのサービスを提供する税理士と顧客を開拓する営業マンとしての役割から、事務所の経営者としての役割が強くなっていくことになります。

　その中で、経営者としてコミュニケーションが不足していたり、事務所の方針を共有できていなかったりしたことで、従業員との間に溝が生じてしま

うケースがあります。

　例えば、次のようなケースがありました。

　所長税理士は、従業員に対してより専門的な知識を身につけてほしいという想いから、頻繁に社内外で勉強会や研修会に参加させることが従業員の知的好奇心を満たし、就労意欲を向上させられると考えていました。しかし、従業員としては、ただでさえ多忙な日常業務に加えて、研修が多いことで余裕がなくなっていきました。やがて研修の多さに対する不満が社内で蔓延するように……。

　そのうち事務所の雰囲気が悪くなり、退職者も出始めてしまいました。親の心子知らずではありませんが、良かれと思ってしたことがなかなか相手に伝わらないことはよくあることです。

　このケースですと、従業員の知識レベルが向上することを願って始めた研修だったため、一見喜んでもらえそうなことですが、従業員の業務面でのマネジメントがしっかりとできていなかったため、ニーズのないことを押し付けてしまう結果となりました。

　従業員としては研修よりも、業務の平準化や残業の少なくなる仕組みを優先的に作るよう所長税理士に対し求めていたのですが、所長税理士は研修制度をただ押しつけ、従業員から拒否反応を示されるも適切な対応が取れず、結局退職者が出てしまい、より一層従業員の業務負担が増えてしまったのです。

　できた溝はなかなか埋めることができず、その後幾度となく所長税理士が提案したものの、従業員は賛同してくれませんでした。このような関係性がしばらく続き、ついに、所長税理士はマネジメントに疲れてしまいました。

　一度組織としての歯車が狂ってしまうと、事務所内の雰囲気が悪くなり負の連鎖が続いてしまいます。そうなると、大抵の場合、退職者が相次いで出てきます。

⑷　採用ができず人手不足

　従業員が退職をし、その補充の人員を採用できなければ、当然残った従業員の負担が重くなります。これに耐えられず、さらなる退職につながり、悪循環が生じてしまいます。

　人手不足により現在は超売り手市場になっており、どこの事務所も躍起になって採用活動をしているのが現状です。

　新たな採用ができなければ、顧問先を維持することもままならなくなります。人手不足が原因で事業承継を考えるケースも増えています。

⑸　売上の減少

　顧問先において事業の縮小や廃業がなされれば、会計事務所の売上も減少していきます。また、新たな顧問先を獲得するに際しても、それまでの記帳代行業務を中心としたサービスが、会社経理のＩＴ化に伴いニーズが縮小し、新たな収益獲得が困難になるケースもあります。

　経営者の高齢化は売上（増収・増益）と逆の相関関係にあるという下記のデータがあります。

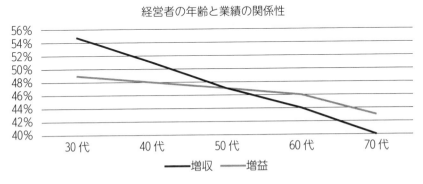

経営者の年齢と業績の関係性

（東京商工リサーチ2016年　全国社長の年齢調査より加工）

もちろん、すべての経営者に当てはまるわけではなく、長年の経験から適切な経営方針を打ち出し、増収増益を出し続けている企業もたくさんあります。

　しかしながら、このグラフが意味することは、経営者の蓄積された知識・経験が、必ずしも増収増益に寄与しているわけでないということです。

　税理士に対するニーズも、日本企業の国際化、会計税務に係る法令の複雑化、相続税を初めとする個人資産についての環境変化に伴い、年々多様化しています。さらに、よりレベルの高い業務対応を求められる機会も増え、ますます税理士の存在感が大きくなってきているといえます。

　これまでのやり方に縛られず、的確に時代のニーズをキャッチアップして変化していく柔軟性が必要となります。

第6節 事業承継の四つのパターン

承継について四つのパターンに分類して説明をします。

(1) 親族内承継

　親族内承継とは、その名の通り息子や娘など血縁・親族関係にある者が後継者となる場合をいいます。それまで所長税理士が築いてきた事務所の経営基盤を親族に承継できることから、効率的な事業の承継といえます。

　親族内で会計事務所を承継をするためにも、当然のことですが、子息が資格を保有していることが必要となります。また、所長税理士は、日々、企業の社長などと接する機会が多く、その中で日々成長をしています。やはり親族内の承継であっても後継者には、会社経営や税務・法務に関する知見が必要です。その意味で後継者の中には、監査法人やコンサルティング会社、大手税理士法人などに一定期間勤務し、新しい知見を習得しているケースも見受けられます。

(2) 親族外承継（従業員等）

　親族以外の従業員等が後継者となる場合の承継をいいます。一般の事業会社の場合、Management Buy-Out（経営陣による買収）や Employee Buy-Out（従業員による買収）と呼ばれます。

　会社のことをよく知っている経営陣や従業員に継いでもらえるので、経営者にとっては安心感がありますし、他の従業員からの反発も少なく、スムーズに承継が進みやすい利点があります。

　この方法は、所長税理士のこれまで築いてきた経営基盤を無償で渡す場合を除き、相応額で譲渡することになります。この場合、長年従業員として従

21

事されてきた方が、一括での買取資金は手元にないため、借入を行うか分割での支払いをするかということになります。例えば借入を行う場合、後継者だけでなくその配偶者においても、事業取得のための借入金に対して抵抗がないか、理解を得られるか、事前によく相談をしておくことが必要です。

　また、会計事務所が法人格である場合は、役員退職慰労金の支給により、これまでの所長税理士の功労に報いることも考えられます。

(3)　廃　　業

　従来より、会計事務所の業界においては、税理士会やその他の活動を通じて同業の先生方と交流があるため、高齢化による業務廃止に伴い、顧問先を知合いの先生方に引き継ぐ方法は一般的でした。

　2018年の中小企業白書によると、一般の中小企業においても、近年経営者の年齢が年々高くなっていると伝えています。中小企業の経営者を対象にした年齢ごとのグラフをみてみると、経営者の数が最も多い年齢は、1995年で

年代別に見た中小企業の経営者年齢の分布

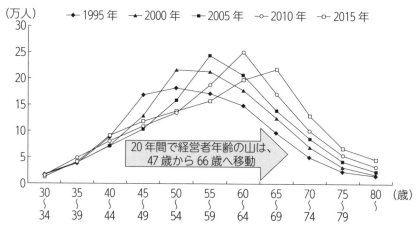

資料：（株）帝国データバンク「COSMOS2（企業概要ファイル）」再編加工
【出典：中小企業庁・2018年版中小企業白書】

47歳、2015年は66歳という結果です。

　さらに、年代別に見た後継者の意思決定状況を調べると、60歳以上の年代では約5割の経営者に後継ぎがみつかっていないことがわかりました。中小企業の指揮を執る経営者の多くは、後継者不足に悩まされているのです。加えて、休廃業・解散した企業のうち、経営者の年齢が60歳を超えている企業は全体の7割以上という結果です（帝国データバンク／第10回全国「休廃業・解散」動向調査より）。

　2014年の中小企業白書では、廃業の可能性を感じてから特別な対応をしなかった経営者が、40％近くもいたことを発表しています。後継ぎを探したり、育てたりする行動をとった経営者は、5％ほどでした。

　廃業を選んだ中小企業の経営者は、そのほとんどが廃業を避けようとはせず、少数の経営者に限り、廃業が現実味を帯びた後、後継ぎを探しているのです（中小企業庁・2014年版中小企業白書より）。

(4)　親族外承継（M＆A）

　第三者への事業の譲渡により事業そのものを承継することをいいます。法人格の場合は、出資持分の譲渡により経営権を譲渡します。一身専属である専門家士業の業界ではあるものの、単なる顧問先のあっせん紹介ではなく、顧問先、従業員、事務所設備などの有形資産や所内に蓄積した業務フローやノウハウなどの無形資産も含めた営業資産を一体として譲渡します。

　これにより、承継元の所長税理士は、これまでの有形・無形の営業財産を資金化でき、顧問先・従業員も従前通りのサービスと雇用が維持されることとなります。

　近年、M＆Aは中小企業において承継方法の一つとして一般化してきており、承継元と承継先を仲介する事業者も増えてきたことから、会計事務所の業界でも増加してきている方法です。

Ｍ＆Ａのメリット・デメリット

(1) 売主側におけるメリット

　売主側におけるＭ＆Ａの主なメリットは、①顧問先や従業員の承継と②事務所の譲渡に伴う資金化です。

① 顧問先や従業員の承継

　会計事務所の担う業務は、顧問先における日常の会計・税務相談や経理業務、経営相談など多岐にわたります。社内に経理や総務、経営企画などの部門がある大手企業とは異なり、特に中小企業にとっては、会計事務所に依存している部分が多く、当然に信頼関係の下にこれらの業務が成立しています。

　今後10年、20年と顧問先は成長を続け、従業員も家庭を持ち、年を重ねていく中で、会計事務所として長期間のサービスを提供し続けていかなければなりません。

　顧問先と従業員を一緒に承継できるのがＭ＆Ａのメリットと考えられます。

　個別に承継していく場合は、引継ぎ先の事務所を１件ずつ紹介していくこととなり、また、従業員についても転籍先をあっせんしていくことになります。この場合、従業員は、顧問先の担当者として長年、同じ顧問先の業務にあたっていることが一般的で、顧問先＝担当従業員のセットとなっており、双方で信頼関係ができています。それぞれの承継先が同じ事務所でない場合は、注意が必要です。

② 事務所の譲渡に伴う資金化

　Ｍ＆Ａの手法による最も大きいメリットとなります。会計事務所の資産

は、顧問先と従業員、所長税理士の信頼を表したものとなります。

　これら無形の資産から生み出されるキャッシュフローを、譲渡時点に資金化できることがメリットとなります。もちろん、会計事務所業は誰でもできるわけではないので、流動性の観点からは低いこと、目に見えない顧問先・従業員・所長税理士の複合的な信頼関係を維持できるような承継先を見つけることが重要になります。

(2) 買主側におけるメリット

　買主側におけるM＆Aのメリットは、①顧問先の獲得、②従業員の獲得、③規模拡大に伴うシナジーが考えられます。

① 顧問先の獲得

　顧問先の獲得は、売上の拡大が一時で図れる点がメリットとなります。つまり通常の顧問契約の獲得は、時間をかけて1件ずつ増やしていく形となりますが、それにかかる時間を短縮することができます。

　通常、顧問契約を獲得するのに、次のような流れの中で、それぞれの段階で時間とコストをかけて獲得していきます。これら一連の流れを省略でき、また、複数の顧問先を一括で承継できることがメリットと考えられます。

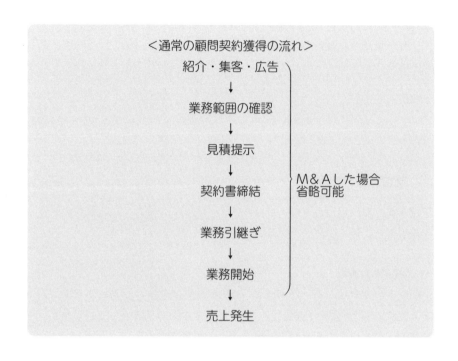

＜通常の顧問契約獲得の流れ＞

紹介・集客・広告
↓
業務範囲の確認
↓
見積提示
↓
契約書締結
↓
業務引継ぎ
↓
業務開始
↓
売上発生

M＆Aした場合
省略可能

② 従業員の獲得

　人が稼ぐ労働集約型の会計事務所業界において、人材の確保は非常に重要な要素です。特に事務所ごと承継する意味は、通常の採用と異なり、意思疎通がとれた人材の集まり（組織体）を取得することができ、またそれぞれの従業員が担当先を持っていることから、承継したその日から売上・スキル・組織コミュニケーション力を持っている点で大きなメリットがあります。

　通常、従業員の採用は、下記のような流れがあり、それぞれの段階で時間とコストが発生します。顧問先との契約と同様に雇用契約においても、これら一連の流れを省略でき、また複数の雇用を一括で承継できることがメリットと考えられます。

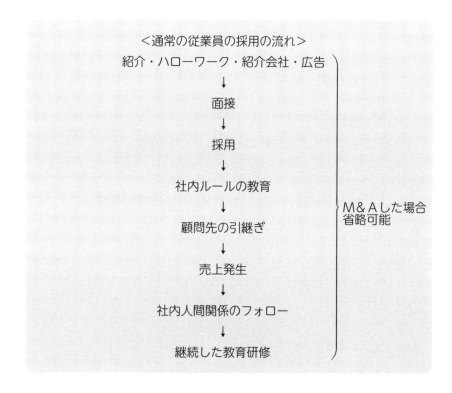

＜通常の従業員の採用の流れ＞

紹介・ハローワーク・紹介会社・広告
↓
面接
↓
採用
↓
社内ルールの教育
↓
顧問先の引継ぎ
↓
売上発生
↓
社内人間関係のフォロー
↓
継続した教育研修

M＆Aした場合
省略可能

③　規模拡大に伴うシナジー

　規模拡大に伴うシナジーは、事業所の統合により主に管理コスト等の圧縮
と、知識やノウハウの共有により提供するサービスの質や従業員の教育面の
充実が見込まれます。

　管理コスト等の圧縮の例としては、利用会計システムの料金、地代家賃、
給与計算や請求書の発行事務などが挙げられます。

　また、知識やノウハウの共有においては、各種事例の集積により事案を検
討する時間の圧縮や、より専門性の高いサービスの追求が行えるとともに、
従業員１人１人のスキルアップによる生産性の効率化がはかられます。した
がって、事例研究や社内勉強会といった機会を設け、情報共有や人材交流が
行いやすい環境を整えることが重要となります。

⑶ 売主及び買主双方におけるデメリット

　一方、売主及び買主双方におけるM＆Aのデメリットは、①顧問先の契約解除、②従業員の退職となります。

① 顧問先の契約解除

　顧問先から契約を解除されるのは、主に二つの理由によります。

　一つ目は、売主である所長税理士や従業員の退職をきっかけに、顧問先から解約の申出がなされるケースです。

　特に所長税理士が退職される場合、古い顧問先であればあるほど人間関係が深いことから顧問契約が維持されていましたが、M＆Aをきっかけに解約の申出を行いやすい状況になります。

　また、もともと顧問先に、監査頻度が少ない、提案をしてくれない、ＩＴサービスへの対応が遅れているなどの不満があったものの、所長税理士には設立からお世話になっていたり、親の世代からのつきあいで言いにくかったような場合は、M＆Aを機に契約解除の可能性が高まりますので、そのような顧問先がないか、後任担当者の選定は適切か、事務所としてフォローアップできるかなど事前に検討しておくことが大事です。

　二つ目は、新しい会計事務所や担当者によるサービスへの不満です。これは、特に所長税理士が直接担当している顧問先を新しい担当者が引き継いだ場合に起こりやすいのですが、当然、所長税理士と同等の経験やスキルをもった担当者をつけることは困難です。M＆Aに際して、サービス内容、契約金額、担当者経歴などをもとに顧問先を分類し、M＆Aの前後にサービスの低下が起こらないようにフォローできる体制を事前に検討しておくことが重要です。

　特に、大口の顧問先については、契約解除となった場合には対象事務所の損益に大きく影響するため慎重な対応が求められます。

② 従業員の退職

　M＆Aによる譲渡時に従業員が転籍をしないケースとM＆A後に退職をするケースがあります。

　人手不足で売手市場の現在では、特に中堅どころの30〜40代の社員は引く手あまたの状況です。事務所を売却する話が出た場合、売られた側の従業員にとっては身売りされたように感じたり、経営体制や環境が変わることについて自分自身の処遇がどのように変わるのか、不安を感じたりします。

　従業員は、年齢や、家族構成、働き方に関するモチベーションなど状況が様々です。またこれらは、時の経過とともに変化をします。M＆Aの前段階においては、本人との面談により、新しい体制になって、何が変わるのか、何が変わらないのかをきちんと明示し、本人のやりたいことや、やりたくないことをヒアリングするとともに、引き続き働いてほしい旨を伝える必要があります。

　できれば、スタート時点としては、「今までと何も変わらない＋α」で新しい仕事にチャレンジできる環境（成長できる環境）を用意できると望ましいと考えられます。

　M＆A後に退職をするケースは、新しい環境に慣れないことが一番の要因です。新しい勤務地、出勤時間や給与等の待遇面の変更、新しい会計システムへの移行など、通常業務の負担に加えて、何かと従業員には負荷がかかります。

　会計事務所のM＆Aの場合、顧問先と従業員が揃って初めて事業として成り立ちます。つまり、極端な話、顧問契約をすべて承継できても従業員が1人も承継できなければ、顧問先へのサービスを買主側の従業員で行う必要が出てきますし、逆に従業員を全員承継できても顧問契約を一つも承継できなければ、従業員へ支払う給与を買主側の事務所の経費で賄う必要が出てきます。

　すなわち、買主側では顧問契約と雇用契約の両面から、これらのリスクを認識し重要な顧問先や従業員の洗い出し、また、実際に離反が出た際の対処方法も併せて検討しておくことが重要となります。

失敗例から学ぶM&A

　当社では、今まで50以上のM&Aを実践してきましたが、そのM&Aの大半が事業承継を中心としており、従業員と顧問先の承継が一番の目的となります。M&Aについて、全て同じケースはなく、それぞれ事情が異なり、引継ぎ方も異なります。その中で、何が成功で、何が失敗かを考えた際に、「従業員と顧問先を承継し、経営を継続できる」ことが最も重要なポイントになります。

　M&Aを失敗した三つのケースを下記でみていきます。失敗したと思っても、その後のフォローで立て直しができますので、参考にしてください。

＜従業員の大半が退職したケース＞

　所長税理士と譲渡契約書を締結し、所長税理士から経営統合の話を従業員に説明したところ、半数以上の従業員が統合までに退職をし、やめた従業員が担当していた顧問先からは、担当者が退職なら解約するということになってしまったというケースがありました。

　経営統合の話を初めて聞いた際には、従業員に経営統合により今までと環境が大きく変わるのではないかという不安が生じることは当然ですので、事前に変わること・変わらないことを丁寧に説明し、納得してもらうことが必要です。

　説明したにもかかわらず従業員が退職するケースには、大きい税理士法人だとサラリーマンと変わらない働き方となるので嫌だという方や、本人が所長税理士の承継者となるものと考えていたのにM&Aをすることに納得がいかないという方などがいます。

　ただし、話をすることすら拒まれるケースもあり、所長税理士と従業員との関係がコミュニケーション不足のためうまくいっていなかったのかと感じ

る瞬間があります。そもそも、会計事務所内の人間関係に所長税理士が悩まれていて M&A を実施する場合もあります。

＜所長税理士と新所長の引継ぎがうまくいかなかったケース＞

契約は無事終了し、従業員や顧問先にも納得してもらい、経営統合までできたのですが、引継ぎをしている中で、所長税理士と新所長との間での業務の進め方について意見が対立し、経営統合を解除することになってしまったケースがありました。

まず、もめた原因は業務の進め方について、所長税理士が何十年もかけて築いてきたやり方を、新所長が一気に変えようとしたからでした。顧問先に毎月出していた報告書を廃止したり、資料収集の方法を変更したのです。

そして、新所長の従業員に対することば遣いや上から目線と感じられる発言などからも不信感が募っていきました。

M&A を成功させるのに一番大切なことは、所長税理士と新所長の信頼関係に他なりません。信頼関係を築くにはコミュニケーションが重要です。理解しているだろうと思っていても、双方の認識はズレているものです。同じ言葉を使っていても、言葉の定義が異なっている可能性があると思って話した方が良いでしょう。

また、M&A といえども、簡単に環境への変化に対応できないので、一定期間は、業務の進め方を変えることは最低限に控え、慣れてきてから徐々に必要なことを変えていけばよいのです。焦りは禁物です。

会計ソフトの変更も、いずれは着手するべきかもしれませんが、M&A で変化することが多いときにやるべきではありません。

会計ソフトを変更する際に、事務所内で切替はできたとしても、顧問先に導入している会計ソフトを変更するのは容易ではありません。顧問先の会計ソフトを変更できないケースでは、当初のソフトを残しておかなければならず、コストが二重になることもあるので、自計化している先の会計ソフトの状況も把握しておいた方が、結局は効率的です。

まずは、今までの業務の進め方を把握し、所長税理士との新所長が二人三

脚でM&Aを進めて、従業員にも顧問先にも安心してもらうことを最優先とすべきです。

　承継元である所長税理士は、あまり細かいことを気にしないことが重要です。

＜所長税理士退職時の従業員の退職、顧問先の解約＞

　引継ぎも順調に終わってホッとしたとしても、一定期間が経ち、所長税理士が当初の契約により退任した後に、従業員が退職したい、顧問先が解約したいという話が出てきたケースがあります。お世話になった所長税理士が退職するのをきっかけに、従業員が退職を申し出たり、顧問契約を解除したいという話があります。

　経営統合時には、ひとまず解約せず、また統合後の事務所に残った所長税理士も面倒を見てくれるので契約を継続する場合でも、所長税理士が退職してしまうと、相談もできなくなってしまうので、契約を変更してしまう可能性が出てきてしまいます。それまでに新所長は顧問先との関係を築いておく必要があります。

　逆に比較的うまくいくケースの場合は、下記①～③をクリアしている場合に多いです。
① 　引継ぎ期間を設けているケース
② 　新所長を明確にし、常駐者として設置しているケース（番頭を新所長する場合も含む）
③ 　顧問先の重要な事項（主に税務調査、相続、事業承継など）を一緒に対応したケース

第 2 章

会計事務所の M&A の手続きと留意点

承継先を決める際のポイント

承継先を選定する上で何をポイントとして決めるか整理して、主に以下の視点で考える必要があります。

(1) 従業員の雇用について

M&Aに際し、経営者として承継後の従業員の雇用が守られるのかということが非常に大きな懸念事項です。大切な従業員とその家族の生活がかかっていることなので、承継後の従業員の雇用と待遇が確保されることがM&Aの前提とされます。

承継後においても、従業員の離散を防ぎ、対顧客の顧問契約を守るため、一定期間、所長税理士は顧問として事業に関与する形が一般的です。

(2) 顧問先へのサービス

顧問先に対して、永続的に安定したサービスと新しい付加価値を提供できるところが、承継先として望ましいと考えられます。

せっかく承継に至ったとしても顧問先から評価をされないと、所長税理士の評価もマイナスとなってしまいます。また、顧問契約が短期間で解約となった場合、事業譲渡の譲渡金額が減額される契約になっているケースもあります。

(3) 相 性

承継先の代表者との相性は、とても重要な要素です。

業務の進め方や考え方も異なります。ゴルフや会食などでわかる部分とわ

からない部分があることはご承知と思いますが、承継後も一定期間は引継ぎ等で関与します。

　他社での事例ですが、承継後、相手先代表者と仲違いをし、せっかく大変な思いをして承継をしたのに、わずか1年で解消したという事例もあります。他にも、やはり代表同士の性格が合わず、オフィスの階を分けて二つの事務所がそれぞれ利用したという事例もあります。

(4)　譲渡金額

　金額の算定方法を65ページに記載します。これまで所長税理士の築いてきた事業の評価額であり、また、譲渡後のご家族を含めた生活資金になります。個人事業の譲渡の場合、雑所得とする考え方（89ページ参照）もありますので、税引後の手取額がいくらであるかも事前に計算する必要があります。

(5)　変化の程度

　事務所の所在地、使用する会計ソフト、給料の締め日・支払日、交通費の精算、朝礼の有無、税務リスクに対する考え、物品等の購入稟議など、承継前後で検討する項目が多々あります。スムーズな承継を実施することを優先するのであれば、なるべく「変化しないこと」を重視することが近道です。1年程度などゆるやかに期限を区切って、顧問先や従業員に過度に負担にならないよう、ソフトランディングしていくことが大切だと考えます。

（参考）　M＆Aにおいて懸念した点

　M＆Aをする決心をした後、手続きが完了するまでの間、所長税理士が最も心配したことは何かを当社でヒアリングしたところ、一番多かったのが、従業員にM＆Aをすることを受け入れてもらえるのかという点でした。

　従業員にとって、M＆Aされるということは、非常にセンシティブな問題です。M＆Aに対するネガティブなイメージや、経営者が変更することの不

安が従業員にはストレスと感じることが多く、場合によっては、従業員がM&Aを受け入れることができず、一斉に退職してしまうケースもあります。

　所長税理士にとって、M&Aをするに至るまでにはいろいろな事情はありますが、罪悪感や申し訳ない気持ちを持つケースもあります。

　場合によって、従業員に悟られたり、噂話からM&Aの話が漏れ伝わることがあります。そういった話は広まるのが早く、不安も大きいので退職者が出やすくなります。

　だからこそ、M&Aのことについては漏れ伝わる前に、自分の口から伝えて、納得してもらうことが重要となります。

スケジュール

　会計事務所の事業の承継方法としてM&Aを選択した場合、明確な手続きが決まっているわけではありませんが、他業種の事業会社で行われているM＆Aの手続きに準じて行われるケースが増えています。

　仲介会社から紹介があった場合の流れは、次頁の通りです。

　会計事務所にとって、M&Aは最初で最後という場合がほとんどです。どのような流れで進んでいくのかを以下で確認してください。

　一般企業のM&Aと異なる点は、会計事務所の財産は顧問先と従業員であること、個人事業として行っているケースが多いため、デューデリジェンスの業務を省略又は簡易に行う場合があることです。

　従業員名簿や賃金台帳などと、顧問先の名簿や件数、単価の把握ができれば、財産に対するデューデリジェンスは改めてする必要はなく、また、事業譲渡の手続きによる引受けであれば簿外債務のリスクもないため、短期間でM&Aを実行していくことが可能です。

　なお、以前から仲介会社等を介さず税理士間で事務所の承継をされるケースもありますが、そのほとんどは個別の顧問先の承継（顧問契約の承継）の手続きで完結します。

① 仲介会社等からの紹介
  ↓
② 秘密保持契約の締結
  ↓
③ 売主からの情報開示
  ↓
④ トップ面談の実施
  ↓
⑤ 買主候補先からの意向表明書の提出
  ↓
⑥ 相手先の選定と基本合意書の締結
  ↓
⑦ デューデリジェンスの実施（法務・財務など）
  ↓
⑧ 譲渡契約書の締結（契約内容について双方協議、弁護士による法務
  チェックを含む）
  ↓
⑨ クロージング

仲介会社等からの紹介

(1) M&Aの紹介ルート

　中小企業の経営者が事業承継の相談をする際の相手として選ぶのは、家族、従業員、取引先、顧問税理士、銀行等の金融機関などのうち、顧問税理士が一番多いと言われています。では、税理士の事業承継の相談相手は誰となるのでしょうか。

　親族や社内に後継者候補がいる場合には、その候補者と話して進めることになりますが、候補者がいない場合には、社内に相談する相手は見つかりません。その場合、M&Aの仲介会社に相談するケースが多いように見受けられます。これは、M&Aという特殊な状況下で、M&Aの情報が社内に漏れ伝わることを意識しているためです。

　会計事務所業界にかかわらず、M&Aというセンシティブな話は、自然と相談する相手が限定的になり、所長税理士としては孤独な決断を迫られることになります。

　なお、親族や社内に後継者候補がいて、一度はその者を後継者として事業承継を検討したものの、承継をしている過程で当初の考えとズレてきたり、他の従業員とうまくいかず、後継者への承継をとりやめてM&Aに踏み切るケースも少なくありません。

　また、他の事務所と税理士法人を設立したが、方向性の違いで上手くいかない場合も同様に、M&Aになるケースがあります。

　当社であった事例ですが、M&Aをした事務所の所長税理士に旧知の所長税理士から連絡があり、自分も事業承継をしようと考えていたので、当社を紹介してほしいといわれたケースもあります。

　また、会計事務所を事業承継するために退職した従業員が、何年か後に当社に復職するとともに、その従業員が起こした事務所と経営統合するケース

もありました。

(2) 仲介会社との契約

　会計事務所の譲渡先を仲介会社に委託し探してもらうこととなった場合、売主は仲介会社と仲介契約を締結します。この仲介契約は、フィナンシャルアドバイザリー契約など名称は様々ですが、下記の点をよく確認しておく必要があります。

① 専任契約について

　仲介会社は、売主の事務所の譲渡先を探すのに際して、開示資料を作成したり実際に相手先に打診をしたりしますが、相手先を探す活動をしている中で、売主が他の買主候補先と交渉を始めたり、他社にも仲介の相談をしたりすると、譲渡先を探す活動が一元的でなくなり、買主候補先にも迷惑をかけることとなります。

　このようなことを防止する観点から、契約条項の中に一定期間の専任契約を付されているケースがあります。この場合、売主自ら買手候補先を見つけてきて、承継できたとしても、仲介会社への手数料の支払いが発生しますので、ご注意ください。

② 手数料について

　仲介会社を利用する場合には、着手金と成功報酬で手数料が発生します。

　手数料の形態は仲介会社により様々で、着手金がないケースもありますし、成功報酬も譲渡対価の〇％といった形で設定されているケースもあります。

　なお、買主候補先も仲介会社から売主の紹介を受け、案件を進めたい場合は、仲介会社と仲介契約を締結し、仲介会社経由で売主の情報を入手し、デューデリジェンス等の手続きを進めていきます。

⑶　ノンネームのやりとり

　これは、対象事務所の内容について、例えば地域、事業概要、顧問先数などの初期的な情報を匿名で開示する書面です。買主候補がこちらの書面をみて、興味がある相手先か確認をする初期的な開示資料となります。したがいまして、記載事項について特段の決まりはないものの、買主候補先が検討できる程度の情報は記載は必要です。「ノンネーム」、「一枚もの」などの呼び方もあります。

例）事業内容：会計事務所（個人事業）
　　場所：神奈川県東部
　　顧問先数：法人約100社、個人30人
　　売上高：7,000万円
　　譲渡形態：顧問契約及び雇用契約引継ぎによる事業譲渡希望
　　従業員数：正社員３名、パート２名

秘密保持契約の締結

　買主候補先は、M＆Aの検討を進めるに際して売主から更なる情報開示を受けるため、売主に秘密保持に関する書面を差し入れたり、双方契約書として締結をします。この書面は、ＮＤＡ（Non Disclosure Agreement）やＣＡ（Confidencial Agreement）と呼ばれます。仲介会社が間に入り、双方のつなぎをします。

　例えば、下記のような書面となります。

☆書式ダウンロードできます（詳しくはP.143参照）

別紙）

・年・月・日

秘密保持等に関する誓約書

○○　御中

住　所：

社　名：
代表者：

　△△（以下「当社」という）は、貴社より、貴社から当社に対し提供される一定の秘密の固有情報（以下、「秘密情報」という。）について、下記の事項を厳守することを誓約するため本誓約書（以下、「本書」という。）を差し

入れます。

記

第1条　（秘密情報の定義）

　本書において秘密情報とは、貴社の資本業務提携等（以下「本件」という）に関し、文書、口頭、磁気ディスク又はその他の何らかの媒体によるものを問わず、貴社、貴社の役員及び従業員等（貴社のアドバイザーである△△を含む）から当社に提供された一切の情報及び本件を検討している事実をいいます。但し、次の各号の一に該当する情報は、秘密情報には含まれないものとします。

　　(1)　開示又は提供された時点において既に公知であった情報

　　(2)　開示又は提供された後、自己の責めによることなく公知となった情報

　　(3)　開示又は提供された時点において自己が既に保持していた情報

　　(4)　自己が正当な権限を有する第三者から守秘義務を課されることなく取得した情報

　　(5)　秘密情報を使用することなく自己が独自に開発した情報

第2条　（秘密情報の利用目的及び目的外使用の禁止）

　当社は、秘密情報を貴社が認めた目的にのみに使用し、他の目的には使用しないものとします。

第3条　（第三者への漏洩の禁止）

　当社は、貴社の書面又は電子メールによる同意なくして、秘密情報を第三者（当社における検討のための必要最低限度の役員、従業員を除く）に対し開示・漏洩しないものとします。但し、以下の各号に該当する場合にはこの限りではないものとします。

　　(1)　裁判所その他公的機関（以下「公的機関等」という。）から強制力のある開示の命令又は要請等を受けた場合

　　(2)　当社が委嘱する弁護士、公認会計士、税理士、司法書士等、法令によって秘密保持義務を負っている専門家に対し秘密情報を開示する場合

43

(3) 本件にかかる資金提供者、潜在的資金提供者及びアドバイザー（以下「資金提供者等」という。）に対し秘密情報を開示する必要がある場合（但し、当社と資金提供者等との間で本契約書に定める義務と同等以上の義務を負わせる秘密保持契約を締結する場合に限る。）

第4条　（秘密情報の管理）

(1) 当社は、自己の同種の情報を管理する場合と同等の注意義務（但し合理的な注意義務を下回らない）をもって、秘密情報を管理するものとします。

(2) 秘密情報の漏洩を防止するため、当社では、秘密情報の複写・書面化、ＵＳＢ・録音テープその他一切の媒体への情報の入力については、第2条の目的を達するために必要最小限度のものとします。

(3) 秘密情報及び秘密情報を書面化したもの、秘密情報が含まれているフロッピーディスク・録音テープ等一切の媒体並びにこれらを複写したもの（以下「秘密情報書類等」という）について、当社は、第三者に対する漏洩並びに目的外使用がないよう、自己の同種の情報を管理する場合と同等の注意義務（但し合理的な注意義務を下回らない）をもって管理するものとします。

(4) 貴社及び当社間で本件が合意に至らないことが客観的に明らかになった場合等、本件の成否及び取引条件につき検討の必要がなくなったとき又は貴社の要求ある場合には、当社は、貴社の指示に従い、秘密情報書類等（当社が作成・複写等したものを含む）を直ちに貴社に返還又は廃棄・消去するものとします。

第5条　（従業員等との接触及び勧誘行為の禁止）

(1) 当社は、貴社の事前の承諾なくして、貴社の従業員等と接触又は勧誘行為を行わないものとします。

(2) 当社は、貴社の事前の承諾なくして、貴社の仕入先、取引先等と接触し、本件に関連する事項につき情報収集や交渉等を行わないものとします。

第6条 （損害賠償）

当社は、故意又は重過失により本書第2条ないし第5条に定める義務に違反したことにより、貴社に対し損害を与えたときは、当該違反により貴社に生じた損害を賠償するものとします。

第7条 （有効期間）

本書の有効期間は、本書作成日から1年間とすることに同意します。

第8条 （管轄裁判所）

本書に関する紛争等について協議により解決することができない場合、××地方裁判所を第一審の専属管轄裁判所とすることに同意します。

（以下、省略）

売主からの情報開示

　買主候補先は、売主から詳細な事業内容の情報開示を受けます。この時点で売主についてネームクリア（実名を開示）され、買主は具体的な検討に入ります。案件概要書やＩＭ（Information Memorandum）、ＩＰ（Information Package）と呼ばれる資料の開示を受けますが、こちらの資料には、買主が取得可否を検討でき、取得する場合の価額を提示できるような情報が記載されることが一般的です。

☆書式ダウンロードできます（詳しくは P.143参照）

案件概要書（Information Memorandum）

１．事務所概要
　事務所名：Ａ会計事務所
　設立：2000年 4 月
　所在地：神奈川県横浜市・・・
　代表者：Ａ（税理士）
　従業員数：正社員 3 名、パート・アルバイト 2 名

２．案件概要
　譲渡対象：Ａ会計事務所
　譲渡理由：後継者不在
　スキーム：事業譲渡
　譲渡時期：2020年12月を目途
　希望価格：応相談
　その他：譲渡後の引継ぎ期間は 1 年以内

３．沿革と特徴
　2000年 4 月：事務所設立
　2012年 4 月：事務所移転

4．組織図

5．従業員一覧

氏名	性別	雇用形態	資格	生年月日	入所年月日
匿名	男	正社員	税理士	1975年4月	2005年4月
匿名	女	正社員	科目合格	1981年5月	2010年4月
匿名	女	正社員		1960年3月	2017年10月
匿名	男	アルバイト		1964年4月	2000年4月
匿名	女	アルバイト		1965年3月	2000年4月

6．顧客情報

顧問先名	顧問料／年
匿名（製造業）	5,600千円
匿名（不動産管理）	2,500千円
匿名（医療）	2,000千円
その他97件	42,900千円
所得税確定申告　30件	2,000千円
相続税申告　5件　2019年実績	15,000千円
合計	70,000千円

7．財務ハイライト
【貸借対照表】

	2017年	2018年	2019年
流動資産	50,000千円	59,000千円	65,000千円
固定資産	5,000千円	4,000千円	3,000千円
流動負債	10,000千円	11,000千円	11,000千円
純資産	45,000千円	52,000千円	57,000千円

【損益計算書】

	2017年	2018年	2019年
売上高	65,000千円	80,000千円	70,000千円
人件費	23,000千円	24,000千円	25,000千円
地代家賃	6,000千円	6,000千円	6,000千円
システム利用料	2,500千円	2,500千円	2,500千円
その他	8,000千円	11,000千円	10,000千円
営業利益	25,500千円	36,500千円	26,500千円

8．その他
　利用ソフト：○○会計ソフト、○○給与、○○台帳

　なお、税理士は、税理士法第38条において、「正当な理由がなくて、税理士業務に関して知り得た秘密を他に洩らし、又は窃用してはならない。」とされており、当然に顧問先に関する情報については、本条を遵守する必要があります。

　最終的にM＆Aが成立しないことも考慮しながら、情報の提供時期や提供範囲について十分に配慮して進めていく必要があります。

第6節 トップ面談の実施

　売主から案件概要書が提出され、売主、買主候補先がともに話を進めたいとなった場合、双方の事務所のトップによる面談が行われます。

　この場で双方初めて会うケースも多く、また、そのときのお互いの印象から、今後話を進めていくかどうかの意思決定をすることも多いので、とても大事な面談となります。

　双方に会社の案内をする中で、譲渡・提携を検討した経緯やお互いの顧問先や従業員に対する想いを伝えます。M&Aを進めるかどうかは、ここで決まるケースがほとんどです。

☆書式ダウンロードできます（詳しくはP.143参照）

トップ面談のご案内

日　　時：　○○年○月○日（○曜日）15：00～16：30

会　　場：　××××

　　　　　　〒○○○-○○○○　東京都△△区○○○　△-△-△

ご出席者：　Ａ会計事務所　　　　　代表社員　　　○○　○○　様

　　　　　　Ｂ会計事務所　　　　　　　　　　　　○○　○○　様

　　　　　　　　　　　　　　　　　　　　　　　　○○　○○　様

　　　　　　株式会社Ｃ　　　　　　　　　　　　　○○　○○

　　　　　　～・～・～　スケジュール　～・～・～

1．15：00　【集合・名刺交換】

2．15：05　【ご挨拶・ご紹介】

　　・株式会社Ｃより　進行のご挨拶

　　　　・Ａ会計事務所○○代表より　会社案内、譲渡検討背景　等

　　　　・Ｂ会計事務所○○代表より　会社案内、提携検討背景　等

　３．15：25　　【対話】

　　　　・事業の詳細、お互いの社風等に関してご両者間で意見交換をお願いし
　　　　　ます。

　４．16：30　　【面談終了予定】

　　　　　　　　　　　　　　　　※目安の時間を記載させていただいております。

買主候補先からの意向表明書の提出

　買主候補先は、トップ面談を実施し提供された資料を基に取得を検討し、取得する意向である場合には、その条件や取得後の運営方針などを意向表明書の形で売主に伝えます。例えば買主候補が複数ある場合には、売主は各社から意向表明書を受領し、各条件等を比較検討して、候補先を選定していきます。

　記載内容について特にルールはありませんが、買主候補が事業を取得したいというプロポーズ書面になり、売主にとっては、どこの譲渡先に事業を承継するか選定するための資料となります。

　なお、買主候補からの意向表明書はあくまで意向を伝える書類であり、その通りに履行する法的な拘束力はありません。

　意向表明書の文書例は以下の通りです。

☆書式ダウンロードできます（詳しくはP.143参照）

　　　　　　　　　　　　　　　　　　　　　　　　　　・年・月・日

○○　御中

　　　　　　　　　　　　　　　　　　　　　　　○○会計事務所

　　　　　　　　　　　　意向表明書

　今般、○○の事業を、下記の条件にて取得検討させて頂きたく、本書面を差し入れいたします。

1.　当事務所の概要
　当事務所は、△年に現代表である○○により開業され、以来地域の企業を

中心に法人顧問、確定申告業務を中心に拡大を図ってまいりました。現在では、取引先300社、従業員15名（平均年齢35歳）でスピーディーで正確な業務提供に努めています。今後はより専門性の高い資産税や事業承継分野のサービス提供と経営コンサルティング業務への拡大を図っていくことを計画しております。

2．事業取得価額と取得時期

　全ての顧問契約及び雇用契約の承継を前提とした事業取得価額として、最大で○○円と見積もらせて頂きます。なお、開示頂いた財務等の数値に基づく見積額であり、デューデリジェンスの手続きにより、加算又は減算させて頂きます。

　なお、支払時期についてはクロージング時に80％、1年経過時に残額を支払うことを希望しますが、詳細は別途ご相談させて頂きます。

　取得時期は、△年△月までを目途と考えております。

3．取引の前提
　・事業取得後、最低2年間は現代表○○が経営に従事して頂くこと。（従事期間中の役職及び報酬額については、別途協議させて頂きます。）
　・当事務所の満足する内容にて各種デューデリジェンスが完了し、その結果弊社の正式な機関承認その他弊社において必要となる内部手続きが完了すること。
　・主要な顧問先及び従業員が、事業取得後も継続して勤務及び取引されること。

4．本件参加の理由及び目的
　当事務所は、今後も事業の拡大を計画しており、特に貴事務所が得意とされている資産税・事業承継については、特に力を入れて取り組んでいきたい分野と考えております。

　貴事務所の当該分野に係るこれまでの経験と知見をお持ちの従業員の皆様と一緒になることにより、当事務所の成長を大きく加速することができると

考えております。

5．事業取得後の運営方針

　事業取得後においても当面の間は、顧問先と担当者については現状を維持し、業務内容に大幅な変更を行わない予定です。

　また、従業員の皆様については、これまでの雇用条件を最低2年間は維持します。当事務所の福利厚生プラン（401K、社員旅行、社宅補助、保養所等の利用）は皆様にご利用いただけます。

　ただし、税務申告ソフトについては、当事務所が利用しているXXに変更をお願いします。

6．資金調達の方法

　資金調達の方法については、金融機関借入によるものとし、金融機関とは借入枠設定について同意を得ております。

7．当社及びアドバイザーの名称等

　○○事務所　○○

　電話：

　Mail：

　A弁護士事務所　A

　電話：

　Mail：

8．法的拘束力の不存在

　本書は、法的拘束力を有するものではなく、現時点において弊社が対象事務所事業の検討の意思を表明するにとどまるものであり、万一、本取引が成立しない場合にも、弊社は対象事務所に対して何らの責任を負わないものとします。

9．本書の有効期限

　△年△月△日までとします。

以上

相手先の選定と基本合意書の締結

(1) 基本合意書の締結

　買主候補から意向表明書を受領した売主は、選定した買主候補と基本合意書を締結し、一定期間独占交渉権を付与する場合があります。買主候補は、その後、費用をかけてデューデリジェンスを実施したり、金融機関からの資金調達活動を開始したりします。独占交渉権を付与されることにより、買主候補も安心して取り組むことができます。

　一般の事業会社の場合、売主の力の方が強いと、独占交渉権は付与せずに複数の会社と並行して交渉を実施することもあります。しかし、会計事務所においては狭い業界での信頼関係が重要ですので、複数の事務所と交渉を進めていくことは馴染まないと考えられます。

☆書式ダウンロードできます（詳しくは P.143参照）

基本合意書

　Ａ会計事務所を営むＢ（以下「甲」という。）及びＣ税理士法人（以下「乙」という。）とは、甲の営む①税理士業務、②①に附帯する一切の業務（以下「対象事業」という。）の譲渡（以下、「本件事業譲渡」という）に関し、以下の点に関し基本合意に達したので、基本合意書（以下、「本合意書」という）を締結する。

第１条（本件取引の概要）
　　甲及び乙は、本件取引の概要は、以下のとおりであることを確認する。
　　① 乙は、2020年〇月を目途として、対象事業を＿＿＿＿＿＿円で引き受けて取得するものとする。
　　② 本件取引の具体的方法、条件、及び内容等に関しては、第２条に定める調査の結果に基づき、甲及び乙の協議により最終決定す

るものとする。

第2条 (調査の実施)

乙は、本件取引を遂行してよいかどうかの判断をするため、乙の費用と責任において、別途協議により決定される日程で、乙及びその選任する弁護士、公認会計士その他のアドバイザー等が、対象会社に関する以下の事項を調査（以下「**本件調査**」という。）することができるものとする。甲は、合理的な範囲において、乙による本件調査の実施が可能となるよう必要な協力をする。

① 会計処理、財務内容、将来の収益見通しなど
② 経営管理、営業活動など
③ 第三者との重要な契約関係、不動産の利用・権利状況、労務関係、知財・著作権関係、係争事件の有無など

第3条 (善管注意義務)

甲は、最終契約の締結日又は最終契約が締結されないことが確定する日までの間、下記の事項を行わず、その財産状態ならびに損益状況を大幅に変化させないものとする。ただし、甲及び乙が書面で合意するものについてはこの限りではない。

① 新規借入、新規投融資、担保権の設定（ただし、乙の通常取引に基づく物件代先行払いの借入は除く）
② 重要財産の売却又は購入
③ 従業員の賃金・給与の水準の大幅な変更
④ 重要な顧客との取引条件の変更

第4条 (誠実交渉義務と独占的交渉権)

1 甲及び乙は、2020年〇月末日（以下「**本件期日**」という。）までに甲及び乙との間である事業譲渡契約を締結すべく、誠実に努力するものとする。
2 本合意締結日から最終契約締結日又は最終契約が締結されないことが確定する日までの間、甲は、乙以外の第三者との間で、対象事業の売却等、対象会社の経営権が変更される取引につき、一切の情報交換、交渉、合意、契約を行わないものとする。

第5条 (契約解除)

本合意の当事者は、他の当事者が、①差押え、仮差押え、仮処分、強制執行、担保権実行がなされたとき、②破産その他これらに類する

倒産手続開始の申立てがなされ、あるいはその申立てを受けたとき、③解散の決議をしたときは、何らの催告も要さず、直ちに本合意を解除することができる。

第6条（契約期間）
1 本合意は、本合意の締結日から効力を生じ、以下の各号に定める日のうち、最も早い日をもって終了するものとする。
① 2020年○月○日（ただし、本合意の当事者が別途その他の日とする旨を合意した場合には、当該その他の日とする。）
② 最終契約の締結日
③ 甲乙の間で、最終契約が締結されないことが確定した日
2 本合意の終了にかかわらず、第7条（秘密保持義務）、第11条（準拠法及び管轄裁判所）の効力は存続するものとする。

第7条（秘密保持義務）
1 甲及び乙は、本合意の締結及びその内容、本件取引に向けて取得した相互の情報（以下「**秘密情報**」という。）を、本件取引及び最終契約締結の検討のためにのみ使用するものとし、秘密情報を第三者に開示又は漏えいしてはならならない。ただし、次の各号に定める情報を除く。
① 開示者から開示を受ける前に、既に入手していた情報
② 開示時に既に公知となっていた情報
③ 本合意締結後に受領当事者の帰責事由なく公知となった情報
④ 開示後に第三者から秘密保持義務を負うことなく合法的に入手した情報
⑤ 開示当事者の秘密情報を参照することなく、受領当事者が独自に開発した情報
2 弁護士、公認会計士、税理士、司法書士等、秘密保持義務を職務上負担する者に相談する必要がある場合、甲又は乙は、自らが必要と認める資料及び情報をかかる第三者に開示又は交付することができる。ただし、この場合は、当該第三者に本合意に基づく秘密保持に関する一切の義務を負わせるものとする。
3 第1項の規定にかかわらず、甲及び乙は本合意の目的達成に必要な限りにおいて、開示当事者の秘密情報を、役員及び従業員に開示することができる。
4 本合意の当事者は、法令その他政府機関、金融商品取引所、証券業協会等の命令等により開示が要求された場合、実務上可能な限

り、開示に関し他の当事者に事前に通知を行ったうえで、必要な範囲内で秘密情報を開示することができる。

5　なお、本条は、本合意が終了した場合においても、当該終了日から３年間は効力を有するものとする。

第８条（公表）

法令等に基づき公表する場合を除き、本合意の当事者は、本合意、最終契約又は本件取引に関する公表を行う場合には、事前に他の当事者と協議するものとし、他の当事者と合意した時期、方法及び内容に従って、これを行うものとする。

第９条（拘束性）

本合意は、本件取引に関する現段階での甲乙間の基本的な合意事項を確認するために締結するものであり、第２条（調査の実施）、第４条（誠実交渉義務と独占的交渉権）、第５条（契約解除）、第６条（契約期間）、第７条（秘密保持義務）、第11条（準拠法及び管轄裁判所）の規定を除き、法的拘束力を有するものではない。本合意の当事者は、本合意締結により最終契約を締結すべく、誠実に努力することを約する。ただし、これをもって最終契約締結を強制されるものではないことを確認する。

第10条（協議事項）

本合意に記載の無い事項又は本合意の内容に疑義が生じた場合の取扱いについては、本合意の当事者は、誠実に協議し、その解決を図るものとする。

第11条（準拠法及び管轄裁判所）

本合意は日本法を準拠法とし、日本法に従って解釈されるものとする。本合意の履行及び解釈に関し紛争が生じたときは、東京地方裁判所を第一審の専属的合意管轄裁判所とする。

本合意の成立を証するため本書２通を作成し甲、乙それぞれ記名押印のうえ、各１通を保有する。

20○○年　　月　　日

甲：

乙：

デューデリジェンスの実施

　デューデリジェンスは、書面調査、実地調査、マネジメントインタビューなどで構成され、おおむね 2 週間〜 1 か月程度かかります。事業会社の場合は、財務・法務・不動産・環境など調査する内容も事業の内容により多岐にわたりますが、会計事務所の場合は、顧問契約と雇用契約といった契約書面と、システム面や契約に記載がない顧問先や従業員との実態面での運用内容が重要な要因と考えられます。

　デューデリジェンスの実施に際し、まずは何のために実施するのかという目的を明らかにすることにより、有益な調査実施が可能となります。

【目的】

㈠　正常な収益力の把握

　決算書の数値のうち、損益計算書については、純粋に会計事務所業務を継続した場合に獲得できる正常な収益力はいくらであるかを把握する必要があります。

　例えば、以下のような視点での調査確認が必要となります。

(売上)

・顧問料の請求漏れや特殊な顧問料での契約がないか
・そのようなものがある場合、契約の見直しは可能か
・顧問契約書が締結され、契約通りの請求がなされているか
・知人などの顧問料が過度に低い金額で締結されていないか

(労務費)

・残業代や休日出勤手当は適正に計上されているか

・賞与や退職金の支給規程の有無、規程通りの支払いや計上がなされているか

・親族や知人などについて事業譲渡後に支払いが必要であるか

・自社の給与テーブルや福利厚生規程に照らして、過大又は過少でないか

(経費)

・交際費や会費等のうち、削減できるものはあるか

・事務所が代表者の所有である場合、償却費の調整や新家賃の設定が必要か

・車両や保養所など事業継続に必ずしも必要でない経費はあるか

㋺　リスクの把握

　税理士法人の法人格の取得に比べて、事業譲渡により事業のみを取得する場合、簿外のリスクなどは限定的です。

　例えば、過去の申告の誤りや届出書の失念に対する賠償請求は、法人格の取得の場合にはその法人のリスクとして承継されますが、事業譲渡の場合は、譲渡前の税理士に帰せられます。

　承継先の一番のリスクは、顧問先の解約と従業員の退職です。これらは事前に承継元と十分な確認を行い、場合によっては解約や退職があった場合の取扱いを譲渡契約書に取り決めておき、承継後においても承継元の代表者に顧問先への説明の同伴や、一定期間の引継ぎ期間を依頼することにより、後々のトラブルを防ぐ必要があります。

　その他のリスクとして、デューデリジェンスの手続きでは下記の内容を確認しておくことが望ましいです。

・顧問先資料の保管状況

・リース、賃貸借契約その他の契約書の保管状況

・弁護士や他の専門家との提携状況

(ハ) 自社とのシナジーの把握
- ・自社のサービスを新たに提供できる顧問先の有無
- ・従業員の交流や教育研修制度の拡充の可否
- ・顧問先と担当従業員の再配置の可否

　また、デューデリジェンスに際して入手する資料は、おおむね下記のものが想定されますが、専門家である先生同士のM＆Aとなりますので、資料を出しにくい部分もあるかもしれません。承継先は、その点を十分な配慮とデューデリジェンスの目的を共有して進めていく必要があります。

【全般】

- ・過去3年程度の損益の状況と増減内容
- ・税理士法、労務関係その他の法令遵守の状況
- ・事務所賃貸借契約の状況
- ・利用会計ソフトと代替性の有無

【顧問先】

- ・顧問先との顧問契約の有無
- ・主要取引先の顧問契約の経緯
- ・過去3年程度の解約の有無及び理由
- ・代表者との関係性（親族、友人など）
- ・顧問先からのクレームの状況

【従業員】

- ・従業員との雇用契約の有無

・社会保険や雇用保険への加入は適正か

・残業、休日出勤等の状況と手当支払い実績の有無

・有給休暇の取得状況

・担当者別の関与顧問の数と関与状況

・各従業員のスキルの状況

・代表者との関係性（親族、友人など）

【入手資料】

・決算書・各種申告書

・固定資産台帳

・顧問契約書

・雇用契約書

・源泉徴収簿

・タイムカード

・総勘定元帳

・顧問料等の未収一覧表

・顧問先別のサービス提供時間管理表

・就業規則

・リース契約書

・事務所賃貸借契約書　など

譲渡契約書の締結

　デューデリジェンスの結果、双方にて金額面、条件面について交渉、すり合わせが行われ、最終契約書に反映され締結されます。

　個人事業である会計事務所の場合は、その事業を譲渡する事業譲渡契約書になり、税理士法人を取得する場合は、その出資持分を譲渡する社員持分譲渡契約書となります。

　契約書に記載する主な項目について、検討事項を記載します。

①　譲渡対象財産

　譲渡の対象となる資産及び負債について明記します。

　机・椅子・ＰＣ・ソフトウェアライセンス・各消耗品類・車両・内装造作・取引契約上の地位などの資産及び負債の承継対象となるものを明らかにしておく必要があります。

②　スキーム

　事業譲渡なのか、税理士法人格の取得なのか、会計法人の取扱いや承継元役員の退任時期と退職金の支給有無及び支給時期について、全体スキームを設計し契約書に明記していきます。

③　スケジュール

　契約締結から実際のクロージング（決済・引渡し）、その後、双方が履行する事項について、いつまでに何をやるかをあらかじめ明記します。

　例えば、以下の内容となります。

10月1日　事業譲渡契約書の締結

〜10月30日　クロージング前の義務の履行
　　　　・従業員説明会の実施
　　　　・顧問先への事業統合に関する共同案内書の作成送付
　　　　・取引金融機関からの資金調達

10月31日　クロージング実施

〜11月30日　クロージング後の義務の完了
　　　　・譲渡代金についての差額精算
　　　　・顧問先との顧問契約書の再締結
　　　　・事務所賃貸借契約の契約者変更

④　譲渡金額と支払方法

　譲渡金額とその支払方法を明記します。

　例えば、クロージング時に80％支払いで1年後に残金支払いとしたり、全額を5年間の分割払いとしたり、当事者間で合意した場合にはどのような支払方法でも選択することができます。

　また、顧問契約や雇用契約がクロージング後1年以内に80％以下となった場合は、支払額を返金するなどの取り決めも可能です。

　しかしながら、長期間で支払いを行っていくような場合やクロージング後に返金する条項を入れる場合は、そもそも見込んでいた収益が出ない場合やその原因が承継元にあるのか承継先にあるのか、判別が難しいこともあり、トラブルの原因になることも事実です。

　このような条項を入れる場合には、できるだけ具体的に明文化しておく必要があります。

⑤ 表明保証

契約書の中で、承継元・承継先のそれぞれに表明して保証してもらう内容を明記します。

例えば、以下のような内容となります。

・反社会的勢力には該当しません。

・事業を行う上で必要な資格、許認可等は取得しています。

・法令違反はありません。

・過去の財務諸表については適正に処理されています。

・承継先から要求された資料は、正確なものを開示しています。

性質上、売主側に求められるものが多くなります。

・現時点において、顧問先からの解約の申出はなく、従業員から退職の申出もありません。

といった内容を入れることもできます。

表明保証に違反した場合には、違反した側は賠償請求を行う必要が生じてくるため、内容について十分な検討が必要となります。

⑥ 契約解除及び損害賠償

M&Aの場合は、事業が他者に移転してしまうため、譲渡契約書を締結したのちは、当事者のいずれかが破産等した場合などを除き、原則的には契約を解除することができない形態になっています。

したがって、何か契約に記載された内容に義務違反や表明保証違反があった場合には、すべて損害賠償により金銭で解決を図ります。

損害賠償の条項で重要な点は、賠償の期間と賠償金額の上限となります。

賠償の期間は、長ければ長いほど承継先に有利で、承継元に不利となります。実務的には全社の決算申告が1年で1巡しますので、1年を目途として設計されることが多いです。

賠償金額の上限ですが、承継元からすると、賠償できる上限額は譲渡金額が最大値であり、仮に譲渡した事業から生じた損害が譲渡金額を超えるような場合であっても、その範囲での金額設定をしたいところです。

　また、賠償事由について細かい損害をその都度賠償されることを避けるため、1件当たりの損害額が50万円以上の場合に限り請求することができるといった記載をすることもできます。

☆書式ダウンロードできます（詳しくはP.143参照）

事業譲渡契約書

　○○（以下「売主」という。）と○○（以下「買主」という。）は、以下のとおり売主の営む①税理士業務、②①に附帯する一切の業務（以下「対象事業」という。）の譲渡に関する契約（以下「本契約」という。）を締結する。

第1章　目的

（目的）
第1条　本契約は、買主及び対象事業の一層の発展を目指し、対象事業を、売主から買主に譲渡し、対象事業の経営権を売主から買主に移転することを目的として締結する。

（定義）
第2条　本契約において、本契約書中に特段の定義を伴わずに用いられる本条各号の用語は、それぞれ本条各号に規定する意味を有する。
　一　「本件事業譲渡」とは、本契約に基づく売主から買主に対する対象事業の譲渡をいう。
　二　「譲渡対象財産」とは、本件事業譲渡に基づき売主が買主に対して譲渡する、対象事業に属する別紙1記載の財産の総称をいう。
　三　「譲渡日」とは、令和○年○月○日をいう。

第2章　事業譲渡

（対象事業の譲渡の合意）

第3条　売主は、買主に対し、譲渡日において、本契約に規定する条件に基づき、対象事業を譲渡するものとし、買主は、売主からこれを譲り受ける（以下「本件事業譲渡」という。）。

2　本件事業譲渡により売主から買主に譲渡する対象は、譲渡対象財産のみとし、そのうち、売主が買主に対して譲渡する対象は別紙1記載のとおりとする。なお、譲渡対象財産以外の資産、債務及び一切の債務（偶発債務、簿外債務、不法行為債務及び従業員に対する債務を含むがこれに限られない。）は承継の対象に含まれない。

（譲渡価額）

第4条　買主は、対象事業の対価として、売主に対し、金員〇〇円（別途消費税は買主が負担。以下、消費税を含む合計金額を「本件譲渡価額」という。）を支払う。

2　第15条に定める引継ぎ期間に別紙3記載の顧客を引き継ぐことが出来なかった場合、本件譲渡価額より、当該顧客の年間顧問報酬額を、減額するものとする。但し、売主が引継ぎ期間に、新規顧客を獲得し買主の顧客となった場合はこの限りではない。

（支払方法）

第5条　買主は、売主に対し、分割により、売主の指定する下記銀行口座に振り込む方法によって、本件譲渡価額を支払う。但し、振込手数料は買主の負担とする。

記

Ⅰ　支払期日（税抜）

〇年〇月〇日	円
〇年〇月〇日	円
合計	円

Ⅱ　支払口座

　　　○○銀行　○○支店　普通預金　XXXX　　　　○○○　○○

（譲渡対象財産等の引渡し等）

第6条　引渡し：売主は、本契約に別段の定めがある場合を除き、譲渡日に
　　おいて、譲渡対象財産を、買主及び売主が別途合意する方法により、いず
　　れも現状有姿にて買主に対し引き渡す。

2　　所有権等の移転：譲渡対象財産の所有権及び危険負担は、前項の引渡し
　　時をもって、売主から買主に移転するものとする。

3　　効力発生等の手続き：買主及び売主は、譲渡日後、速やかに、譲渡対象
　　財産の承継の効力発生のために必要な行為を行うものとする。

4　　契約上の地位の移転等：売主は、本件事業譲渡に伴い、譲渡対象財産に
　　おける契約上の地位を移転させ、買主はかかる契約上の地位を承継する。

5　　公租公課の精算：譲渡対象財産に対する公租公課、保険料等は日割計算
　　により、譲渡日の前日までは売主が、譲渡日以降は買主が負担する。

6　　対象事業から発生する収益及び費用等、本件事業譲渡において売主と買
　　主との間で精算すべき項目に関しては、宛名名義の如何にかかわらず、譲
　　渡日をもって区分し、譲渡日の前日までに相当する部分は売主の計算に帰
　　属し、譲渡日以降（譲渡日を含む。）に相当する部分は買主に帰属するもの
　　とし、かかる計算の結果精算すべき金額は、売主と買主との間において別
　　途定める方法により、譲渡日において精算されるものとする。ただし、精
　　算支払額が譲渡日に未確定であるものがある場合には、未確定の部分に限
　　り別途後日精算するものとする。

（重要物品の引渡し）

第7条　売主は、前条の本件譲渡価額の受領と引換えに、以下の重要物品等
　　を買主に対し引き渡す。

　一　売主が発行する本件譲渡価額の領収書

（実施場所）

第8条　売主は、買主に対し、譲渡日に会議室において、本件事業譲渡を執り行う。

第3章　表明及び保証

（売主の表明及び保証）

第9条　売主は、本契約締結日及び譲渡日において、以下の事項を表明し、保証する。

　　一　権限及び授権：売主は、本契約の締結及び履行に必要な権限及び権能を有しており、本契約を締結し本件事業譲渡を履行することにつき、必要な手続きを全て履践していること。

　　二　反社会的勢力からの断絶：売主は、集団的に又は常習的に違法行為を行うことを助長するおそれがある団体又はそのような団体の構成員及びこれらに準ずると合理的に判断される者（以下「反社会的勢力」という。）ではなく、反社会的勢力との間に直接・間接を問わず、何らの資本・資金上の関係もなく、反社会的勢力が対象事業の経営に直接又は間接に関与している事実がないこと。また、売主及び対象事業は、名目の如何を問わず、資金提供その他の行為を通じて反社会的勢力の維持、運営に協力又は関与しておらず、意図して反社会的勢力と交流を持っている事実がないこと。売主は、反社会的勢力及び反社会的勢力との交流を持っている者を対象事業の役員等に選任しておらず、また従業員として雇用している事実がないこと。

　　三　許認可等の取得：売主は、本契約の締結及び履行に必要とされる司法・行政機関等からの許認可・承認等の取得、司法・行政機関等に対する報告・届出等、又はその他法令等上の所要手続きを全て法令等の規定に従い履践していること。

　　四　法令等との抵触の不存在：売主による本契約の締結及び履行、並びに本件事業譲渡の実行は、本契約に関連する法令等に違反せず、かつ売主若しくは対象事業に対する又は売主若しくは対象事業を拘束する判決、命令又は決定に違反するものではないこと。

五　強制執行：本契約は、売主の適法、有効かつ法的な拘束力のある義務を構成し、買主は、売主に対し、その条項に従った強制執行が可能であること。

六　計算書類等：売主が、買主に対して交付した対象事業にかかる損益計算書等の計算書類等は、各作成基準日時点における対象事業の経営成績を適正に示していること。

七　資産等：売主は、譲渡対象財産を全て所有し（共有の権利を含む。）、又はかかる資産を適法に使用する権利を有していること。

八　税務申告等の適正：売主は、過去７年間、各種課税項目及び社会保険料等の公租公課について適法かつ適正な申告を行っており、適時にその支払いを完了していること。また、譲渡日以前の過去７年間の事業に関して、売主に対する課税処分がなされるおそれは存在しないこと。

九　労働組合：過去５年間、売主の従業員は労働組合を組織していないこと。

十　紛争の不存在：売主を当事者とする、対象事業に関し現在継続中である訴訟、仲裁、調停、仮処分、仮差押その他の司法上又は行政上の法的手続き（以下「訴訟等」という。）は存在せず、売主が第三者に対して提起することを予定している訴訟等は存在しないこと。

十一　法令遵守、許認可：売主は、対象事業に適用のある全ての重要な法令、規制、通達、行政指導を遵守していること、また、対象事業を現在の態様にて運営するために必要な全ての許認可等を有しており、かかる許認可等に伴う条件・要件を遵守して対象事業を行っていること。

十二　本件事業譲渡は、法的要件を全て満たした上で履践されており、第三者から詐害行為取消権、詐害的な会社分割等に対する会社法上の履行請求権又は否認権の行使をされるおそれはないこと。

十三　開示情報：売主及び対象事業は、本件事業譲渡に関連して現存し、対象事業の運営又は価値に関連性を有する重要な文書及び情報を全て買主に交付又は提供していること。又、本件事業譲渡に関連して売主及び対象会社が買主に開示した情報は重要な点で真実かつ正確であること。売主及び対象会社は、買主の要求に対して、不正確な資料を提供したこ

とはなく、かつ、やむを得ない場合を除き、開示を拒んだことはないこと。

（買主の表明及び保証）
第10条　買主は、本契約締結日及び譲渡日において、以下の事項を表明し、保証する。
　一　存続及び権能：買主は、日本法に準拠して適法かつ有効に設立され、適法かつ有効に存続している税理士法人であり、またその財産を所有しかつ現在行っている事業を遂行するために必要な権利能力及び行為能力を有していること。
　二　権限及び授権：買主は、本契約の締結及び履行に必要な権限及び権能を有しており、本契約を締結し本件事業譲渡を履行することにつき必要な社内手続きを全て履践していること。
　三　反社会的勢力からの断絶：買主は、反社会的勢力ではなく、反社会的勢力との間に直接・間接を問わず、何らの資本・資金上の関係もなく、反社会的勢力が買主の経営に直接又は間接に関与している事実がないこと。また、買主は、名目の如何を問わず、資金提供その他の行為を通じて反社会的勢力の維持、運営に協力又は関与しておらず、意図して反社会的勢力と交流を持っている事実がないこと。
　四　許認可等の取得：買主は、本契約の締結及び履行、並びに本件事業譲渡の実行に必要とされる司法・行政機関等からの許認可・承認等の取得、司法・行政機関等に対する報告・届出等、又はその他法令等上の所要手続きを全て法令等の規定に従い履践していること。
　五　法令等との抵触の不存在：買主による本契約の締結及び履行は、①法令等に違反せず、かつ買主に対する又は買主を拘束する判決、命令又は決定に違反するものではなく、②買主の定款その他の社内規則に違反するものではないこと。
　六　強制執行：本契約は、買主の適法、有効かつ法的な拘束力のある義務を構成し、売主は、買主に対し、その条項に従った強制執行が可能であること。

第4章　譲渡日までの義務

（譲渡日までの売主の義務）

第11条　社内手続き等の履践：売主は、譲渡日において本件事業譲渡の実行が可能となるよう、第13条に規定する条件（以下、「クロージング条件」という。）の充足その他法令、本契約及び社内手続き上必要とされる一切の手続き等を譲渡日までの間適時に行う。

2　善管注意義務：売主は、本契約に別段の定めのある場合を除き、本件事業譲渡が実行されるまで、対象事業を通常の業務の範囲内において善良なる管理者の注意をもって運営させるものとする。

（譲渡日までの買主の義務）

第12条　社内手続き等の履践：買主は、譲渡日において本件事業譲渡の実行が可能となるよう、クロージング条件の充足その他法令、本契約、買主、税理士会及び日本税理士会連合会において必要とされる一切の手続きを譲渡日までの間適時に行う。

第5章　クロージング条件

（クロージング条件の充足の確認）

第13条　売主及び買主は、譲渡日において、以下のクロージング条件を充足していることを当事者双方が相互に確認することを条件として、本件事業譲渡を実施する。

一　売主が、第9条各号で表明保証した事項が譲渡日において真実かつ正確であること。

二　買主が、第10条各号で表明保証した事項が譲渡日において真実かつ正確であること。

三　売主が、譲渡日まで、第11条の各項の義務を遵守したこと。

四　買主が、譲渡日まで、第12条の各項の義務を遵守したこと。

五　買主において対象事業を承継するために必要な税理士法上の手続きが

全て完了している若しくは手続きを着手していること。

2　売主及び買主は、前項の「クロージング条件の充足の確認」とは、一見明らかにクロージング条件を充足していないことはないとの一方当事者による当該時点における認識の表明にすぎず、本契約に定める損害賠償請求権その他一切の権利を放棄する旨の意思表示と解釈しないことを相互に確認する。

（クロージング条件の変更等）

第14条　売主及び買主は、前条に定めるクロージング条件の未成就によって譲渡日において本件事業譲渡を直ちに実施できない場合には、本件事業譲渡の実施方法等について誠実に協議を行う。

2　売主及び買主は、前項に定める協議が整わない場合には、お互い合意の上、本件事業譲渡を中止できる。

第6章　本件事業譲渡後の義務

（譲渡後の売主の義務）

第15条　譲渡後の支援：売主は、本件事業譲渡後、買主が対象事業の運営を行うにあたり、別途定める、買主の社員税理士に就任し、買主に対して対象事業の引継ぎ及び運営における助言等の支援を行う。

2　競業避止義務：売主は、前項に定める社員税理士の退任後、2年間は、対象事業と競業関係に立つ業務を同エリアで行わず、又は第三者をしてこれを行わせない。売主は、別紙3記載の顧客に対して、第15条に定める引継ぎ期間終了後、買主の承諾なしに接触しないものとする。

3　顧客との契約引継ぎ：売主は、本件事業譲渡後速やかに、買主が、別紙3記載の顧客との間で、顧問契約を締結できるよう最大限努力する。

4　労働債務の支払い：売主は、別紙2記載の者に対し、譲渡日をもって、未払賃金、退職金その他譲渡日時点で発生している債務の支払い債務を確認するとともに、支払期日に当該支払義務を履行する。また、別紙2記載の者に関係して発生する事務手続き、トラブルやその他一切の事項は、売

主がその責任において処理、解決するものとする。

（譲渡後の買主の義務）
第16条　従業員の雇用：買主は、本件事業譲渡以降最低1年間は、対象事業の従業員の雇用を原則維持するとともに、譲渡日時点の労働条件を実質的に下回らないことを保証する。

第7章　付随契約

（事務所の賃貸借契約）
第17条　買主は、本件事業譲渡後6ヶ月間は、本件事業譲渡により売主から承継する下記賃貸借契約について、本契約締結日と同条件にて継続するものとする。売主はこれに当該賃貸契約継続に最大限努力するものとする。

第8章　解除及び損害賠償

（解除）
第18条　債務不履行による解除：売主及び買主は、相手方が、表明保証条項その他本契約上の重大な義務に違反し、当該相手方に対して書面により是正を求める旨の通知を行った後相当期間を経過しても尚かかる違反が是正されない場合には、譲渡日以前に限り本契約を解除することができる。第14条に定める協議により譲渡日を改めて定めた場合（以下、改めて定めた譲渡日を「新譲渡日」という。）、本条の規定中、「譲渡日」とあるのは、「新譲渡日」と読み替える。

2　無催告解除：売主及び買主は、譲渡日以前において、相手方当事者について以下に定める事由のいずれか1つでも発生した場合には、何らの催告等を要せず直ちに本契約を解除することができる。

一　破産手続開始、民事再生手続開始、会社更生手続開始、その他これに類する倒産手続開始の申立てを行い、又は第三者によってかかる申立てがなされたとき

二　支払の停止があったとき又は手形若しくは小切手について1回でも不渡があったとき

三　営業の廃止、解散の決議をし、又は官公庁から業務停止その他業務継続不能の処分を受けたとき

四　会社組織、業態又は支配権の変更等対象会社の経営に重大な影響を及ぼす行為があったとき

五　その他本契約の遂行に著しい困難を生じ、又はそのおそれが認められる相当の理由があるとき

（損害の賠償又は補償）

第19条　売主及び買主は、故意又は過失により本契約に違反し、これにより相手方当事者又は対象会社に損害が発生した場合、本件譲渡価額を上限として、譲渡日後2年間に限り、相手方当事者又は対象事業に対して当該損害（第三者からの請求に基づくものを含み、また合理的な範囲での弁護士費用を含む。以下本条において同じ。）を賠償する。但し、譲渡日後2年以内に損害賠償を請求した場合は、同期間経過後も賠償を受ける権利は存続する。

また、損害等を被った当事者が認める場合には、損害を生じさせないための必要な措置をもってこれに代えることができる。

2　前項の規定に拘わらず、売主及び買主は、自らが行った表明及び保証が真実でなく、又は不正確であることに起因して相手方当事者が被った損害については、本件譲渡価額を上限として、譲渡日後2年間に限り、相手方当事者に対し、当該損害を賠償又は補償する。但し、譲渡日後2年以内に損害賠償又は補償を請求した場合は、同期間経過後も賠償又は補償を受ける権利は存続する。

3　前2項の損害賠償又は補償の請求は、賠償又は補償の原因となる具体的な事実及び賠償又は補償を求める金額を合理的に記載した書面により行うものとする。

第9章　一般条項

（権利義務の譲渡禁止）
第20条　売主及び買主は、相手方の書面による事前承諾なしに、本契約に基づく権利・義務の全部又は一部を第三者に譲渡若しくは移転し又は第三者のための担保に供する等一切の処分をしてはならない。

（秘密保持）
第21条　売主及び買主は、次の各号に規定する情報を除き、相手方当事者の事前の書面による承諾なしに、本契約の交渉過程に関する情報、本契約締結の事実及び本契約の内容、並びに本件事業譲渡その他本契約に関する一切の情報（以下、本条において「秘密情報」という。）について、本契約の目的達成のため以外に使用せず、第三者に開示してはならない。但し、売主及び買主は、本契約の目的達成のため合理的に必要な範囲で、弁護士、公認会計士、税理士、司法書士及びコンサルタントその他の専門家に対し、秘密保持義務を課した上で秘密情報を開示することができる。

一　開示を受けた時点で、受領者が既に保有していた情報
二　開示を受けた時点で、既に公知であった情報
三　開示を受けた後、受領者の責に帰さない事由により公知となった情報
四　受領者が開示者の秘密情報を利用することなく独自に開発した情報
五　受領者が正当な権限を有する第三者より守秘義務を負うことなく開示を受けた情報
六　法令その他これに準ずる定めに基づき受領者に開示が要求された情報。ただし、当該要求を受けた受領者は、速やかに開示者に当該事実を通知するものとする。
2　本件事業譲渡に関する公表は、売主及び買主が協議の上実施することとし、その具体的な内容、時期及び方法は、別途合意して定める。

（費用）
第22条　売主及び買主が、本契約の締結、本件事業譲渡の実施、その他本契

約上の義務を履行するために負担した一切の費用（弁護士、公認会計士及び税理士等の専門家に対する報酬及び費用を含む。）については、特段の合意がない限り、各当事者の負担とする。

（完全合意）

第23条　本契約は、本件事業譲渡その他本契約における対象事項に関する売主及び買主の最終的かつ完全な合意を構成するものであり、かかる対象事項に関する本契約締結日までの両当事者間の一切の契約、合意、約定その他の約束（書面によるとロ頭によるとを問わない。）は、本契約に別段の定めある場合を除き、本契約締結をもって失効する。

（通知）

第24条　本契約に従い、各当事者が行う通知はいずれも書面によるものとし、その効力は相手方に到達された時に発生する。

（契約の修正）

第25条　本契約は、売主及び買主により適正に調印された書面によらない限り、一切の修正、変更等ができないものとする。

（管轄）

第26条　売主及び買主は、本契約に起因し、又はこれに関連する一切の紛争については、東京地方裁判所を第一審の専属的合意管轄裁判所とすることに合意する。

（誠実協議）

第27条　売主及び買主は、本契約の条項の解釈につき疑義が生じた場合及び本契約に定めのない事項については、誠意をもって協議して解決する。

　　本契約締結の証として本契約書正本２通を作成し、売主及び買主が各自記名押印のうえ、各々その一通を保管する。

令和　年　月　日

売　主

買　主

別紙1　売主からの譲渡対象財産

1．資産
　　事業用として使用している机・椅子・パソコン等の什器備品

2．負債
　　本件事業譲渡により負債は一切承継しない

3．リース
　　以下のリース契約のみ承継する
　　契約内容：
　　契約先：

契約期間：

4．雇用契約

　　本件事業に関して、効力発生日において売主が締結している別紙2記載の従業員との雇用契約（効力発生日以前の事由に基づき発生した一切の債務は含まない）

5．雇用契約以外の契約上の地位等

　　効力発生日において、売主が締結している本件事業に関する一切の取引契約上の地位

別紙2　従業員一覧（略）

別紙3　顧客リスト（略）

クロージング

　クロージングは、譲渡代金の支払い及び対象となる事業の移転手続きとなります。

　クロージング以後は、買主に事業が帰属することになるため、売主から円滑に移転手続きが行われることが重要です。

　したがって、売主から買主にきちんと事業の移転手続きができるよう、事前に双方で準備を進めていく必要があり、可能であれば、譲渡契約書の中に、クロージング前に双方で行うべきことと、クロージング後に双方で行うべきことを明記しておく形が望ましいです。

⑴　クロージング前

　双方で行う必要があることとしては、以下の内容が考えられます。

【売主側】

・従業員への全体又は個別説明会の実施

・従業員より転籍同意書の取得

・顧問先への事前訪問による説明

・税理士会等への必要書類の作成準備

【買主側】

・売主側の従業員や顧問先への説明同行

81

・自社の従業員への説明
・税理士会等への必要書類の作成準備

⑵　クロージング時

　　会計事務所の事業譲渡の場合、実際に引渡しや準備が必要な重要物品
は、以下のものが想定されます。

・譲渡代金の領収証
・事務所などの鍵
・顧問先リスト及び顧問契約書
・従業員リスト及び雇用契約書

　　また、税理士法人の M&A の場合で、出資持分を取得するときは、上
記以外に以下のものの引き渡しが必要となります。
・出資持分の譲渡契約書
・総会の議事録の写し又は総社員の同意書の写し
・法人の代表印及び銀行印等の各種印章
・法人の印鑑カード
・法人名義の通帳
・法人が当事者となっている各種契約書

　　クロージング当日は、事前に引渡し物品や書類の確認及び準備を行い、
事業譲渡代金の着金確認を実施し、これら物品等の引き渡しを行います。

⑶　クロージング後

　　クロージング後は、各名義の変更などの事務手続きが発生します。

① 登記

　M&Aに伴い社員税理士に就任する場合や法人の従たる事務所（支店）を設置する場合には、法人での登記が必要となります。登記に必要な資料として、日本税理士会連合会の「税理士法人の社員資格証明書」があります。

② 税理士会への手続き

　税理士法人の手続きとしては、法人の登記が完了したら「社員税理士変更の届出」「法人の従たる事務所　開設の届出」が必要です。

　なお、個人の届出は、「開業税理士から社員税理士又は勤務税理士への変更の届出」が必要となります。

③ 事務所賃貸借契約の変更等

　事務所を借りている場合には、ビル等のオーナーに名義を変更の承諾を得て、事務所の賃貸借契約の名義を変更します。

　事務所を所長税理士が個人で所有している場合には、賃料価格、期間等を決定し、賃貸借契約の締結が必要となります。火災保険や水道光熱費等の名義変更も必要となります。

④ 看板の変更

　看板がある場合には名称等を変更しなければならないので、事前に準備しておく必要があります。

⑤ 保険代理店の契約変更

　保険代理店をしている場合には、M&Aに伴い代理店の契約の変更も必要となりますので、保険会社への手続きが必要です。

　また、譲渡契約書に記載される双方の義務として、それぞれ次の内容について売主及び買主で取り決めをしておくことが重要です。

【売主】

・一定期間の事業への協力とその対価

　事業譲渡後、売主である税理士に一定期間、事業に協力してもらう必要がある場合、その業務や責任の範囲とそれに対する報酬の取り決めを行う必要があります。

　また、税理士としての登録についても、開業税理士なのか補助税理士なのか、税理士法人の場合は、社員税理士なのかなど、協力してもらう業務に応じて税理士法に定める登録を行う必要があります。

・退任後の競業避止義務

　売主が事業譲渡を行った後に、同種の事業を同一地域で行うことについて制限を行う場合には、どの程度の期間禁止するのかを事前に取り決めておく必要があります。

【買主】

・一定期間の雇用の維持

　事業を譲り受けた買主は、引継ぎを受けた従業員について、どのような雇用形態で雇用を行うか、又は行わないのかを含めて、売主とあらかじめ取り決めを行い、遵守していく必要があります。例えば、売主と買主の事務所で雇用形態、勤務時間等の就業規則、賞与の支給基準、退職金制度の有無や福利厚生制度の内容について、当然に異なりますので、当初からどのような雇用契約を締結するのか、あらかじめ協議を行った上、従業員へ丁寧な説明をすることが必要です。

　売主の雇用契約の内容を一定期間引き継ぐ場合、例えば一定期間終了後に雇用契約の内容を見直すのに際し、従業員にとって不利益変更とならないよう配慮することも必要となります。

M&A の譲渡対価とその後の処遇

⑴　譲渡対価の計算方法

　譲渡対価について、ディスカウント・キャッシュ・フロー等の収益還元的な考えに基づく評価方法や、時価純資産等の静的な評価方法などが考えられます。

　一方で、一身専属に基づく士業という事業の特殊性から、その収益獲得の源泉が、代表者の個人的な実力によるところもあれば、数十人規模での組織的な実力によるところもあり、その評価はケースによりまちまちなのが実態です。

　そのような中で実務的な慣習として、年間報酬総額に一定率を乗じて算出されるケースが多いのも事実です。顧問報酬、税務申告報酬などの継続的に収入が見込める報酬をベースに検討されますが、よほどスポット業務（相続税や保険手数料など）の売上割合が多くない限り、別途計算はせず、年間報酬総額として算出します。

　例えば、法人の顧問報酬で毎年3,000万円、個人の確定申告報酬で毎年1,000万円、相続税の申告報酬で1,000万円が年間の報酬であった場合、毎年継続的に見込まれる4,000万円が年間報酬総額となります。

　また、譲渡対価の検討時には、譲渡資産の特定をしておかないと、どこまでが対象かわからないので、対象範囲を契約内容に盛り込んでおく必要があります。

⑵　譲渡対価の支払方法と事後的な価格調整条項

　譲渡対価の支払方法については、

①　クロージング時に一括で支払う方法

② クロージング時に一部を支払い、分割又は一定期間経過後に残金を支
　払う方法

があります。

　売主にとっては、①の方法が望ましい反面、買主にとっては資金調達の問
題や譲渡後の顧問契約や雇用契約の継続が未確定であることから、②の方法
が望ましいこととなります。

　また、顧問契約等の継続状況に応じて、譲渡後一定期間を経過した後、譲
渡対価を見直す方式をとることも可能ですが、継続をしなかった理由が買主
側に起因することも想定されるため、支払方法や事後的な譲渡対価の見直し
は慎重に協議したうえで、契約書に明記する必要があります。

支払方法	一括	分割	譲渡対価の見直し
売主	○資金繰り	×資金繰り	×顧問契約等の解約責任の所在
買主	×資金繰り ×顧問契約等の 　継続リスク	○資金繰り	○顧問契約等の継続リスク

　さらに、譲渡対価の分割又は一定期間経過後に残金を支払う方法を選んで
いて、売主が死亡したときは、その相続人が債権者となります。売主及び買
主はその点も留意して、支払方法や事後的な譲渡対価の価格調整条項を設定
します。

(3) 承継後にかかる負担の確認も

　譲渡対価の決定に際して、承継後にかかる費用も確認する必要がありま
す。

　継続的に発生する経費もありますが、比較的大きな支出は会計ソフトにか
かるものとなり、使用しているソフトのバージョンや更新時期等を確認し、
その負担も考慮して譲渡対価を決める必要もありますので、注意してくださ
い。

また、事務所を借りている場合には、更新時期に手数料が発生しますので、確認が必要となります。これらの後発的に発生が見込まれる費用について、譲渡対価の算定上、織り込んでおく必要があります。

⑷　経営統合後の待遇等について

　一般的に承継元の代表者は、顧問先や従業員の引継ぎの関係から、事業承継後も一定期間は社員税理士や顧問として関与することになります。社用車や交際費の利用など、事前に細かく取り決めをしておくと後々のトラブルを回避できます。

　また、競合避止義務との関係がありますが、顧問先の監査役に就任しているケースも見受けられます。このような場合の取扱いについて、どのようにするかの取り決めを統合前に行っていくことと、それを踏まえて譲渡対価の算定を行う必要があります。

⑸　役員退職慰労金

　税理士法人を取得する場合に、承継元の代表が退任する際に退職慰労金の支給があるときは、当然、出資持分の譲渡対価の金額は減少します。退職金は実際に退職するまで支給ができない点で、承継元にとっては、受領できるまで時間を要する一方、承継先にとっては退職までの期間、**きちんと承継業務に従事できる点**と、**支給時には法人にとって損金となるため、税務メリットを得ることができます。**

　なお、個人事業で行っている場合には、退職金という考え方は発生しません。

⑹　従業員退職金

　従業員の退職金制度として、特定退職金共済制度に加入しているケースが見受けられます。また、独自の退職金制度を導入している事務所もあります

ので、これらの退職金制度を継続するのか、継続する場合には譲渡対価に反映するべきか検討が必要です。

第13節　M&A に伴う課税上の取扱い

　事業を譲渡した場合の課税は、個人・法人別に以下の取扱いとなります。なお、税理士が業務を廃止するにあたり、従来関与していた得意先を他の税理士等に引き継いだ場合において、その引継ぎを受けた税理士等から受ける金銭等に係る所得は、得意先のあっせんの対価となるため、雑所得として取り扱う旨、照会の回答がなされています（昭42.7.27直審(所)47）。

　しかしながら、廃業による得意先のあっせんのみでなく従業員及びその他の営業資産の譲渡も事業譲渡の手続きで行われる場合、単なる得意先のあっせんの対価であるか疑義があるものの、以下においては、照会の回答通りの取扱いを前提として記載します。

① **個人が個人に事業譲渡した場合**

　譲渡した個人は、譲渡により生じた損益は、雑所得となります。

　取得した個人は、支出した取得対価は、必要経費となります。

② **個人が法人に事業譲渡した場合**

　譲渡した個人は、譲渡により生じた損益は、雑所得となります。

　取得した法人は、支出した取得対価は、一時の損金となります。

③ **法人の社員持分を個人に譲渡した場合**

　譲渡した個人は、譲渡により生じた損益は、有価証券等の譲渡として分離課税（所得税15.315％、住民税5％）となります。

　取得した個人は、取得した金額が社員持分の取得原価となります。

※　税理士法人の社員持分は、税理士である個人しか取得できませんので、税理士法人が他の税理士法人の持分を取得することはできません。

④　法人が個人に事業譲渡した場合

　　譲渡した法人は、譲渡により生じた損益は、譲渡した事業年度の損金又
は益金として法人税が課税されます。

　　取得した個人は、支出した取得対価は、必要経費となります。

⑤　法人が法人に事業譲渡した場合

　　譲渡した法人は、譲渡により生じた損益は、譲渡した事業年度の損金又
は益金として法人税が課税されます。

　　取得した法人は、支出した取得対価は、一時の損金となります。

参考1）　譲渡対価が単なる得意先のあっせん手数料ではなく、営業権に類似す
　　　　る無形資産であると解釈される場合、上記と異なる取扱いとなります。

参考2）　税理士法人同士で合併をすることも可能です。適格合併の場合には保
　　　　有資産の簿価移転が、また、一定の要件を満たす場合には被合併法人の
　　　　繰越欠損金の引継ぎも可能です。

	当事者	手法	承継元	承継先
①	個人→個人	事業譲渡	雑所得	必要経費
②	個人→法人	事業譲渡	雑所得	損金
③	個人→個人	出資持分譲渡	譲渡分離課税	取得価額
④	法人→個人	事業譲渡	損金又は益金	必要経費
⑤	法人→法人	事業譲渡	損金又は益金	損金

会計事務所特有の注意点

(1) 会計参与の取扱い

　税理士法上、税理士法人の社員税理士は会計参与に就任できないとされています。したがって、会計参与に就任している開業税理士が、M&A後に税理士法人の社員税理士となる場合には、事前に整理する必要があります。

(2) 税理士職業賠償責任保険

　保険期間中に開業税理士から社員税理士へ登録変更したなど一定の場合で、保険期間の途中で解約しない場合には、次年度以降の更新手続き及び保険料は不要の上、補償期間延長の特則により、保険期間終了後10年以内に開業税理士のときに行った業務について損害賠償請求が提起された場合は補償の対象となります。

　ただし、解約手続きをした場合には、損害賠償請求は補償の対象となりませんので注意が必要です。

(3) 会計法人について

　税理士業務を個人事業として行う一方で、税理士業務以外の業務を株式会社等の法人を設立して経営をしているケースがあります。ここではこれを会計法人といいます。

　税理士法では、以下の内容を規定しています。

・税理士又は税理士法人でない者は、税理士業務を行ってはならない（税法52）

・違反した場合は、2年以下の懲役又は100万円以下の罰金（税法59①三）

・税理士業務は、税務代理、税務書類の作成、税務相談の三つ（税法2）

（注1） 税務代理とは、申告、申請、請求、不服申立て、届出、報告、申出その他これらに準ずる行為

（注2） 税務相談とは、申告等に対する主張、陳述、書類の作成に関し、相談に応ずること。「相談に応ずる」とは、具体的な質問に対して答弁し、指示し又は意見を表明すること（税通2-6）。

したがって、単に仮定の事例に基づき計算を行うことまでは含まない。また、一般的な税法の解説なども税務相談には該当しない（日本税理士会連合会「新税理士法」P.64）。

日本税理士会連合会からも以下の留意事項が出ております。例えば会計法人も承継をするような場合は、税理士法に抵触していないか確認する必要があります。

「税理士が主宰する会計法人に対する外部委託において留意すべき事項」
　委託主である税理士が主宰する会計法人に対し、外部委託を行う場合は以下の点に留意すべきである。

・会計法人の業務及び従業員等の監督の観点から、主宰会計法人の代表者には主宰税理士自身が過半数を超える出資の割合をもって就任し、責任を負うべきである。

・効果的な監督の観点から、主宰会計法人の所在地は、税理士事務所等と同一場所とすべきである。同様の趣旨から、その法人の支店及び営業所は設置すべきではない。

・会計業務は主宰税理士が税理士業務とともに一括して契約したうえで、これを主宰会計法人へ委託する方式の採用を徹底すべきである。

・主宰税理士と主宰会計法人との委託契約上において、会計法人は税務一般の業務を絶対にしてはならないことを明らかにしたうえで、会計法人の業務は会計業務に限ることとし、税理士業務については、主宰税理士と顧問先との契約を明確にする。

（「平成27年4月　税理士事務所等の内部規律及び内部管理体制に関する指針」　日本税理士会連合会　業務対策部）

第 **3** 章

会計事務所M＆Aの
実務Q＆A

PMIを見据えた会計事務所M&Aの実務ポイント

前章でM&Aの手続きと留意点をみてきました。

M&Aというと、パートナーを探し、契約書締結に至るまでの一連の流れに目が奪われがちです。しかし、契約書締結までのステップだけで成功かどうかの判断ができるわけではありません。いわば、ここまでは、恋愛期間を経て結婚式を挙げ、婚姻届を出したところです。

次のステップから実際の結婚生活がはじまります。重要なことは、これからの長い結婚生活で幸せになるために、何が必要かということです。

M&Aを経て一緒に過ごしていく過程をPMI（Post Merger Integration の略）と言いますが、このPMIにおいて実施すべきことの優先順位やスピードは、それぞれのM&Aで異なり、同じではありません。

会計事務所のM&Aは、大半が個人事業の事業承継を目的としており、売主側としては従業員や顧問先を守ることであり、買主側の目的は、新たに従業員や顧問先を承継することにより成長機会を獲得することにあります。

双方に共通する点は、従業員や顧問先を守ることにあります。M&Aにより変わることが重要なのではなく、安心してもらうために何が必要かを考えることが最優先となります。

そのために最初にすることは、従業員や顧問先に、M&Aの相手がどういう組織であり、どういう人がいるかを知ってもらうことです。

そして、今後どうなるのか不安な状況から、具体的にM&Aによって何が変わり、何が変わらないかを整理し、伝えることにより、安心してもらうことです。

その結果、通常どおりの業務の流れができるようにすることです。

特に、会計事務所のM&Aの場合、①売主の所長税理士の関与度合いや関

与期間、②事務所の移転の有無、によりするべきことの優先順位が変わってきます。

　よく「会計ソフトを統合しないといけないのか」と聞かれますが、M＆Aの目的は、会計ソフトを統合することではありません。

　さらに、今までの業務の進め方、サービスの提供の仕方がありますので、一方的に変えてしまうと混乱しますし、また、今までの事業活動を否定したと捉えられてしまうと、これから一緒に進むことができなくなります。

　M＆Aの目的を達成するために何を優先すべきかを考える上で、相手を受け入れ、認めて、新しいものを築いていくためには多様性が必要となります。

　なお、M＆Aの契約を締結する段階でも、ＰＭＩを意識して進めることが必要となります。M＆Aによる統合時点では、「カンバンが変わるだけ？」と思うくらいが理想的です。

　会計事務所について、押さえておきたいポイントを次節でＱ＆Ａとして確認していきます。

第2節

Q&A

Q1 M＆A後の所長税理士の関与方法
M＆A後の所長税理士の関与方法はどのようになりますか。

A 　M＆A後の所長税理士（「所長税理士」は、売主側の個人事務所の
所長をいいます。以下同様。）の関与度合いは、契約の中で待遇面も含めて
決めることが重要です。M＆A後の所長税理士の関与度合いには、大きく分
けて四つのケースが考えられます。

① 　M＆Aと同時に退職する
② 　M＆A後一定期間は、所長として従来通りの業務をし、一定期間経
　　過後退職する
③ 　M＆A後顧問などの相談役となり、一定期間経過後退職する
④ 　期間は設けず、所長を継続する

　①のM＆Aと同時に退職するケースでは、業務の引継ぎに時間をかけるこ
とができず、瞬間的な引継ぎとなってしまいますので、引継ぎを受ける方の
負担が大きくなり、また、従業員や顧問先も所長税理士が急に変わることに
よる不安感が大きいので、買主側としてはできるだけ避けます。
　ただし、売主側である所長税理士は健康問題や個人的な事情があり、やむ
なく選択するケースがあります。この場合には、新しい所長をみつけて手配
する必要があり、他のケースに比べて対応すべきことのスピードを速める必
要が出てきます。
　会計事務所の場合、高齢化や健康問題を要因とした事業承継型のM＆Aを
するケースが多いので、②又は③のように一定期間残って、引継ぎを進めて

いくケースが大半です。

　なお、一定期間をどのくらいにするかは、その後の所長税理士のライフプランもあるので、契約段階での調整となりますが、1年～5年程度が目安となります。

　特に③のケースのように、顧問などの相談役として関与する場合の出社頻度は、業務の引継ぎ状況に応じて決めていくケースが大半であり、毎日の場合もあれば、徐々に日数を減らす場合、当初から週何日と決める場合があります。

　④の期間を設けず所長を継続するケースは、相当長い期間を見据えてM＆Aをした場合が考えられますが、あまり多くありません。期間を設けず、そのまま継続するのであれば、個人事務所で事業をしているのと変わらないため、M＆Aになるケースが少ないからです。

　いずれにしろ従業員・顧問先に対して安心してもらうためにも、長年にわたり牽引してきた所長税理士が残ってくれることが重要です。

A　所長税理士には、何十年も事業を継続してきた中で、目にみえないものが蓄積されているといえます。そこで新所長への業務の引継ぎをする場合には、今までどのような業務をしていたかを目にみえる形で具体的に抽出して、どれを引き継いでいくべきかの擦り合わせするために整理する必要があります。

　特に、顧問先との関係には属人的なものが多く、会計事務所としての業務部分と人間関係の付き合い部分とが混在していることが多分にあります。それらのすべてを引き継ぐことは難しいですし、人間関係の付き合い部分は、引き続き所長税理士が個人的に維持されるべきものとなります。

　会計事務所の所長税理士の役割は、大きく三つの顔があります。

①	実務家として	：入力業務から試算表の作成、決算・税務申告書の作成、顧問先とのやりとり（報告や決算打合せなど）、税務調査の対応、経営の相談、コンサルティング業務
②	営業マンとして	：新規案件の獲得、提携先などの営業ルートの維持、セミナー活動、執筆活動
③	経営者として	：従業員の管理を含むマネジメント業務

　事務所の規模によって濃さは異なりますが、通常の事業会社とは異なり、所長税理士自身が実務家としてサービスを提供していることが特徴です。

　入力業務から試算表の作成、決算・税務申告書の作成など顧問先に対するサービス提供、税務相談に限らず経営や家族のことなど相談事もあり、長年

かけて築いてきた顧問先との関係を、すぐに引き継ぐことは難しく、M＆A後も一定期間は所長又は顧問として残り、引継ぎしながら進めていくことになります。

　顧問先からの信頼が厚い所長税理士であればあるほど、引継ぎが難しくなります。顧問先向けにコンサルティング業務をされていたり、経営に深く関与していたり、家族ぐるみで相談にのっているケースは、属人的な関係になっているケースもあります。顧問先に対するグリップはさすがですが、引継ぎという点からは難しい側面があります。

＜新所長の役割＞
　１人ですべてに対応してきたスーパーマンの所長税理士に代わって、新しい所長は何ができれば顧問先に満足してもらえるでしょうか。新所長として考える必要があるところです。

　所長税理士が長い年月をかけて築いてきたものの引継ぎは、そう容易ではありません。そのために、違いをみせないといけないと無理をして、自分の考えを出し、強引に変化させようとするケースがありますが、蓄積された業務の方法や顧問先との関与の仕方には当然意味があって継続されているものなので、一定期間様子をみてから判断すべきです。

　また、所長税理士から事業を引き継がなければいけないと、どうしても肩に力が入ってしまいがちですが、業務的に同じことを提供することは可能ですが、目にみえないものもあるので、自身の役割を「つなぎ役」と捉え、できる限り専門的な能力の高い人へつなぐことと考え、チームでの関係を構築した方が、結果顧問先や従業員にも安心してもらえる状況になります。

　このうち、比較的手離れがいいのが、③の経営者としての部分です。業務の分担がされている組織であれば、マネジメント部分は管理部署が担当しており、この業務の負担は減りますので、①と②を中心に進めていくことができます。

　ヒアリングし、頭でわかっていても、目にみえないこともありますので、双方に運転でいう「あそび」の部分がないと、ストレスを感じてしまうケースがあります。

1人ですべてを引き継ぎ、完結することができれば良いのですが、自分より専門的能力をもっているスタッフを紹介し、「つなぐ」ことを意識すれば、いろいろな角度からの専門的な情報やより良いサービスを提供できます。

　また、顧問先も事業承継の最中というケースが多くあります。後継者との関係を築くことで、新しい関係を構築することも大切です。

　筆者の場合の経験として、当初はM＆Aに反対していた事務所最大の顧問先の社長から5年ほど経過して、「○○先生が辻・本郷と一緒になってもらって良かった。それぞれの専門家がいて、つないでくれる。プロフェッショナルの話が聞けて安心できる」という言葉をいただきました。その社長が病気になった際に、電話で「会社を息子に譲りたいので、息子と一緒に頼むよ」という言葉をかけられた時には、承継して良かったと感じました。

　また、完璧に引き継ぐことは難しく、相性等もあるので、100％引き継ごうと思うと苦しくなります。仕方がないと思うことも必要です。これは、譲る方、譲られる方双方にとって大切なことで、譲る方は、できていないことやダメな部分をピックアップしがちですが、任せればできることも実は多いのです。「自分が主役」であるうちは、事業承継は難しいといえます。

　さらに、所長税理士と事務所を築いてきた奥様が、顧問先との関係を円滑にしているケースもありますので、所長税理士のご家族との関係を大切にすることが、ともに事業承継をしていく上で重要です。

事務所を統合する場合の注意点
事務所を統合する場合の注意点は何ですか。

A 　　　所長税理士の関与状況によりますが、所長税理士が引き続き関与する場合には、事務所を閉鎖せず、従来の事務所で、承継先の税理士法人の支店となるケースが多いようです。

　従業員も顧問先も、名称は変わっても、提供するサービスに特段変更がなければ、カンバンが変わっただけで安心感が大きいからです。従来通りの業務を進めることができます。

　事務所を統合する場合は、所長税理士がM＆Aと同時に退職するケースがあります。承継先の税理士法人の支店にする場合には、社員税理士を置く必要がありますので、その手配ができなければ、支店としての設置はできません。また、物理的に事務所が承継先と近い場合には、当初から統合するケースがあります。

　事務所を統合する場合に気をつけなければならないのは、目にみえない慣習・風土です。結婚生活でいうと、一緒の生活がはじまりますので、いろいろなことがみえてきますし、今までの生活と違いが出てきます。仕事に行っている（顧問先へ外出している場合）間は、大きな違いはありませんが、家にいると気になる点も出てきます。新しい夫婦でのルールを決めていく必要があるのと同様、M＆Aで事務所を統合した場合には、新しいルールを擦り合わせしながら決めていく必要があります。

　会計事務所の特徴として顧問先に提供するサービスは、比較的担当者で完結しやすい業務のため、会計ソフトの変更や提供サービスが変わることがなければ、経営統合したからといって、特段問題は生じません。

　統合した場合に課題となってくるのは、事務所運営上の日々のルールです。例えば、細かいことになりますが、お茶を誰が出すのか。掃除の仕方はどうするか。ごみは誰が捨てるのか。電話に出るのは誰か。郵便を誰が出すのか。ＦＡＸはどうするか。備品の補充をどうするか。といったことです。

今までの事務所のルールが当たり前と思っていても、別のルールが存在するわけですから、同じ事務所になった場合には、話し合って新たなルールを決めることが重要です。

　承継先に合わせるのが当たり前と思いがちですが、今までの文化やルールは長年の組織の蓄積なので、お互いの文化を尊重をして、関係を構築することが、結果的に統合がうまくいくことにつながります。

　筆者の経験でいうと、複数の事務所の統合をしてきましたが、顧問先に対するサービス提供の進め方で調整することはほとんどありませんでした。しかし、日頃のルール決めや、人間関係での調整が多かったです。改めて、人間の感情ほど難しいものはないと感じました。細かいことの積み重ねがモチベーションに深く関与しますので、時間をかけて丁寧に対応することが必要です。

　所長や外出が多い担当者は気づかないことが、事務所内で多く起きています。

　また、言い方、伝え方の問題もありますので、お互いに相手を受け入れる姿勢が必要です。

Q4	実際の統合までの期間
	譲渡契約書締結後、すぐに統合する必要はありますか。

A 契約書を締結してから、1年以内には経営統合するケースが多いようですが、所長税理士の体調が悪い場合、退職者が出るのでフォローが必要な場合など急いで態勢を整えたい場合には、契約書を締結してから短い期間で統合するケースもあります。

逆に、2年先に経営統合するための契約をするケースもあります。

何年か先に経営統合する契約を締結するのは、将来統合する相手を決めておくことによる安心感を得るため、持病を抱えている所長税理士の場合には、万一の時のためでもあります。

契約締結から統合までに時間がある場合には、スケジュールの余裕があるため、従業員への説明や顧問先への説明も様子をみながら進められるというメリットがあります。また、統合に向けて承継先との打合せの時間も確保できるので、計画的に動くことができます。

なお、統合する時期は、確定申告や3月決算の繁忙期は従業員や顧問先への説明が難しく、避けているケースが多いようです。仕事がいったん落ち着いた7月頃に統合するケースも少なくありません。

Q5
従業員への説明
従業員への説明はどのようにすればいいですか。

A (1) 所長税理士からの説明

　従業員に相談しながらM＆Aを検討しているケースであれば問題はありませんが、ほとんどのケースは、所長税理士が1人で検討し、動いていますので、従業員にとっては寝耳に水の話です。

　従業員が少人数の場合には、所長税理士のグリップが強く、また、顧問先も所長税理士を中心に関係が築かれているケースが多いので説明しやすいのですが、従業員の人数が10人を超えてくると、顧問先との関係が担当者中心で回っている場合が多く、担当者が退職するようなことがあれば、顧問先も不安を覚えて離れていくケースがあります。

　そのため、従業員への説明について、全社員に一斉に話す場合もあれば、規模が大きい事務所の場合にはキーマンを中心に話をしてから全社員へ伝えるケースがあります。

　M＆Aに至った経緯、相手先の情報とその選定理由、スケジュール等を説明し、一番大切な所長税理士の想いを届ける機会となります。また、所長税理士の関与方法や事務所の存続などの内容を踏まえ、今後変わること、変わらないことを伝えて安心させることが重要です。

　なお、説明するにあたり最も大切なのが、所長税理士がM＆Aの契約内容やスケジュールに納得しているかということです。契約内容はもちろんですが、スケジュールの進め方にしても、早く進みすぎているのではないかなど、所長税理士が納得していない部分があると、従業員に説明をする前にM＆Aに躊躇してしまうこともあります。

　所長税理士自身が納得するまで、承継先とコミュニケーションをとり、認識を共有することが必要です。

　契約上で合意をしたとしても、現場の細かい点まで、契約の中ですべて合

意することは困難ですし、想定外のことも起きるので、契約からクロージングの日を迎えるまでの間、関係者が顔合わせをし、双方を理解しようとする機会を設けて、信頼関係を築くことが大切です。

実際には、実践してみないとわからないことも多く、そのタイミングで修正・共有をするコミュニケーションをとるため信頼関係が何より重要です。

(2) 承継先からの従業員向け説明

承継先からあいさつと経営統合に関する説明をします。従業員は、どのような事務所と一緒になるのか、何が変わって、何が変わらないのかといったことが不安となりますので、その点を中心に説明をします。

なお、一度に経営統合に向けての情報を提供すると、混乱してしまうので、何度かに分けて、説明の場を設けていくケースも多いです。

説明会では、事務所の概要と最も心配している雇用条件について変更点を中心に説明を実施します。また、顧問先との契約についても、担当者から顧問先へ説明してもらう必要があるので、理解を深めてもらう必要があります。

① 事務所の概要説明
・従業員数や支店について
・どのような業務を中心にしているか
・利用している会計ソフト

② 雇用条件についての説明事項
・就業時間（始業時間、休憩時間、終業時間）
・給与締日、給与支払日
・残業代計算の仕方
・賞与支給について対象期間と支給日
・有給休暇付与と夏季休暇や試験休暇、慶弔休暇など
　　（夏季休暇や試験休暇などを有給消化としているか、特別休暇として

いるか。)
- 通勤交通費の対象期間、支給日
- 立替交通費の対象期間、精算方法、精算日
- 退職金制度の有無
   （特定退職金共済制度に加入している場合には、事業譲渡にあたって、一度精算することになるので注意が必要です。）
- 社会保険組合の加入団体
- 健康診断
- 財形貯蓄、確定拠出年金等の福利厚生制度
- 勤怠管理の方法

　なお、給与の締め日が異なる場合には、統合前において一度精算する必要があります。賞与についても、賞与の対象計算期間が異なる場合には、統合前後での負担額を明確にしておくことが後々のためにも必要です。
　例えば、賞与対象期間が、従前は4月〜9月分を10月に支給、10月〜3月分を4月に支給、統合後は1月〜6月を7月に支給、7月〜12月を1月に支給の場合で、7月に経営統合する場合に、4月〜6月分の賞与負担は、従前の所長税理士が負担するのが一般的です。

③　人事制度等の説明
　人事制度、評価制度や研修制度、インセンティブ制度等についても共有をはかると、従業員はさらに安心して統合を迎えることができます。

＜人事関係のチェック項目＞

	項目	内容	チェック
人事関連	就業規則の説明	就業規則について説明しているか	□
	特別な就業・賃金体系の確認	就業規則と異なる就業体系・賃金体系をとる場合、その内容につき合意がされているか	□
	就業・賃金体系の統一の時期	上記の場合、その統一の時期・条件等につき、十分な説明がされているか	□
	残業代の計算方法	承継先の賃金体系に統一された場合の、残業代の計算方法につき十分な説明がされているか	□
	勤怠管理システム操作方法の説明	操作方法について説明しているか	□
	役職の問題	役職の考え方について説明しているか	□
	名刺の発注	名刺の発注はできているか、メールアドレスや携帯電話の番号の掲載の準備はできているか	□

> **Q6** 顧問先などへの説明
> 　　顧問先にはどのタイミングで説明するのがいいでしょうか。
> また、どんな内容を説明するべきでしょうか。

A　　M&Aの目的は、所長税理士が承継先を決めたことにより顧問先に安心してもらうことにあります。新しい体制になって、変化することと、しないことを伝えるとともに、サービスの向上がはかられることを説明することが重要です。

　また、事業譲渡の方法の場合には、顧問先との契約は、承継先と契約を締結し直す必要がありますので、その旨も伝える必要があります。

(1)　顧問先への周知・挨拶

　顧問先への周知は、その顧問先と毎月顔を合わせているのか、年に一度程度の接触なのかといった関与状況にもよりますが、口頭で説明してから挨拶状等の案内を出した方が顧問先に安心してもらえます。挨拶状の発送のタイミングとしては、契約書の締結等もあるので統合前の1か月〜2か月前に出すケースが多いです。

＜挨拶状サンプル＞　　　☆書式ダウンロードできます（詳しくはP.143参照）

謹啓　時下ますますご清祥のこととお慶び申し上げます
平素は格別のご高配を賜り厚く御礼申し上げます
さてこの度　お客様へのサービス向上を計るため
○○会計事務所は　令和○○年　○月　○日より△△税理士法人として
新生スタートする運びとなりました
これを機にこれまで培ってまいりました信頼関係を基軸に

より一層皆さまのご期待に副うべく努力致す所存でございます
なお業務の内容　所在地　電話番号等につきましては
従来と全く変わりませんので貴意を得たく何卒ご高承のうえ
ご支援を賜りますようお願い申し上げます
まずは略儀ながら書中をもちましてご案内ご挨拶申し上げます

謹白

令和〇〇年　〇月　〇日

(2)　契約書の締結及び集金方法の確認

　事業譲渡の場合には、新たに顧問先と顧問契約書を締結することとなりますので、従前の契約内容と新たに締結する契約内容の違いを説明する必要があります。契約書を締結せず、口頭だけの契約をしている場合もありますが、業務範囲や報酬等の確認を契約書として残すことは重要です。

　集金方法についても、口座振替（代行会社の利用を含む。）、振込、現金や小切手、カードなどを確認し、口座振替の場合には、振込先の変更手続きが必要となります。なお、今後のことを考えると口座振替にし、集金方法をできるだけ統一しておく方が事務効率化がはかれます。

　また、個人の場合には、報酬について源泉徴収が必要となりますが、法人となった場合には源泉徴収が不要となりますので、振替金額が個人の場合と異なることにご注意ください。

　統合前の未収金については、従前分として引き継がないケースがほとんどですが、契約時に整理しておくことが重要です。

＜サンプル＞請求のご案内

☆書式ダウンロードできます（詳しくは P.143参照）

お客様各位

拝啓　時下ますますご清祥のこととお慶び申し上げます。
平素より、格別のお引き立てを賜わり厚く御礼申し上げます。

　さて、過日お知らせ申し上げました経営統合に伴いまして、
令和〇〇年〇月〇日より△△会計事務所のお客様におかれましても
全社統一フォームにて請求書を発行いたします。
　ご請求内容につきましては今まで通りでございますので、発送いたします
請求書にて内容をご確認くださいませ。（不備修正のある場合は修正箇所を担
当者にお知らせくださいませ。）
　ただし、従前は個人との契約でしたので、お客様に源泉所得税を納付して
いただいておりました。しかし、令和〇〇年〇月〇日以降は法人契約となり、
源泉所得税の納付はございません。

　また、弊社では顧問料の請求を毎月１日付けで発行しております。
　毎月上旬に請求書が発送されますので、恐れ入りますが、請求書付属の
払込票をご利用いただくか、請求書記載の各口座までお振込みくださいます
ようお願い申し上げます。お振込の場合は振込手数料のご負担をお願いいた
します。

　弊社への入金方法でございますが、これを機に弊社で使用しております
収納代行サービスをご利用いただきますと大変便利かと存じますので　ご案内
申し上げます。

　この方法ですとお振込みの手間も省け、口座振替にかかる手数料は弊社負
担でございます。なお、お手続きには１カ月ほどお時間がかかりますので、

振替開始は、お申し込みを頂きました翌月の〇日からとなります。
　自動振替登録が完了し次第、支払方法変更のご案内状をお送りいたします。
それまでは払込票もしくはお振込みでのご対応をお願いいたします。

　口座振替手続きの書類と別紙記入例をご用意しておりますので、記入、押
印のうえご返送いただければ幸甚に存じます。何卒よろしくお願い申し上げ
ます。

　ご不明な点等がございましたら、請求担当〇〇までお問い合わせください
ますようお願いいたします。

敬具

<顧客関連のチェック項目>

項目		内容	チェック
顧客関連	顧客リストの確認	お客様リストの作成はできているか 住所／名称／代表者／顧問料／決算料／決算期／主担当者	☐
	顧客への周知・挨拶	お客様への周知は済んでいるか	☐
		挨拶訪問のスケジューリング	☐
	案内状の送付	案内状の作成はできているか	☐
		案内状はいつのタイミングで送るか	☐
		案内状の発送はどちらでやるか	☐
	契約書締結の有無	お客様と顧問契約書を締結しているか	☐
		顧問契約書をまき直しする内容は確認したか	☐
	集金方法の確認	振込／引落に変更可能か	☐
		振込手数料は先方負担で問題ないか	☐
		振込先は基本の口座で問題ないか	☐
		集金サイトの確認	☐
		領収書の有無の確認	☐
	未収金の対応	未収金はないか	☐
		未収金の取扱いにつき、取決めはされているか	☐

Q7	顧問先が離れていくケース
	顧問先が離れていくケースはどんな場合でしょうか。

A **(1) 経営統合直後**

　所長税理士、担当者と顧問先との関係が築かれていれば、顧問先が離れていくケースはほとんどありません。

　ただし、顧問先に対するグリップが所長税理士より担当者の方が強い場合、担当者が退職してしまうと、「○○さんが退職するなら」と顧問契約を断られるケースがあります。

　担当者が残ってくれれば……というケースは筆者も何度か経験していますので、従業員の離職をとめる手立てが重要です。

　また、経営統合を伝えた際に、統合前のような個人の事務所が良いので、税理士法人になるのであれば契約はしないというケースがまれにあります。

(2) 所長退職時

　統合後一定期間を経過し、所長税理士が退職するタイミングにも注意が必要です。恩義がある所長税理士だったからM&Aの際にも契約を続けてきたが、退職するのであればと顧問先が解約するケースがあります。

　事情は様々ですが、M&Aしてから3年、5年経ってもあり得る話ですので、所長税理士の退職時には注意が必要です。

(3) 担当者退職時

　従業員の中にも、所長税理士にはついていくが、所長税理士が退職した後は、長年一緒にいた職員が退職するケースがあります。比較的ベテランが多い事務所だと、一気にベテラン職員が退職するケースもあり、その場合には、担当者が退職するなら解約するというケースもあります。

担当者任せにしておいて、新所長が関与していない場合には、「新所長の顔も知らないし、挨拶にも来ない」ということで離れるケースがありますので、注意が必要です。

Q8 会計ソフトの統合
会計ソフトは統合した方がいいのでしょうか。

A 　会計事務所に特有なのが、会計ソフトの問題です。M＆Aした買主と売主の会計ソフトが違う場合に会計ソフトを統合するかどうかは、大きな課題となります。同じである場合には、業務を標準化しやすく、M＆Aをスムーズに進めることもできます。

　会計ソフトが違う場合、当初から統合することも選択肢の一つですが、税務申告・試算表作成等を提供するサービスの中心としていたとすると、会計ソフトがサービスの中心的な役割をしていますし、会計ソフトベンダーとの契約期間等もありますので、容易に統合はできません。

　効率性を優先するのであれば会計ソフトなどは統合すべきですが、顧問先との長い年月の関係で現在のカタチができています。ありがたいことに最終的な成果物である申告書や決算書のひな形は同じです。それを作成するための道具（会計ソフト）は異なりますが、統合当初の段階から合わせていくべきものなのかは慎重に決めた方がいいでしょう。顧問先からのニーズを把握できない状態で、会計ソフトを統合することは控えるべきです。

　会計事務所にとって、最大の商売道具（ツール）といえるのが「会計ソフト」です。道具を一気に変えてしまった場合、使う側としては戸惑いと同時に、慣れるまでに時間がかかります。特に、M＆Aによる変化が多い状況でストレスがかかるので、M＆A直後に会計ソフトを統合することは避けるべきと考えます。

　当社の場合、M＆A当初の時期は会計ソフトを基幹のソフトに一本化しようと考えていましたが、モチベーションの低下をもたらすとともに業務が非効率となったので、統合前のそのままの会計ソフトを使うようにしています。会計ソフトを変えずに継続して同じものを使うようになってからは業務上でのストレスがなくなり、経営統合はスムーズにいく機会が増えました。

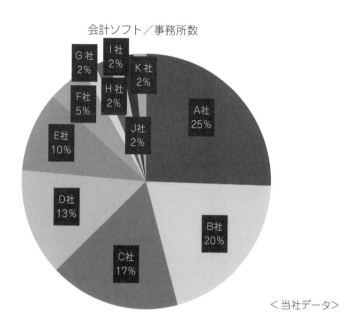

会計ソフト／事務所数

A社 25%
B社 20%
C社 17%
D社 13%
E社 10%
F社 5%
G社 2%
H社 2%
I社 2%
J社 2%
K社 2%

＜当社データ＞

　また、結果的に、多数の会計ソフトを使用している多様性が強みになる可能性も感じています。

　参考までに、当社がM＆Aした際に承継先の事務所が使用していた会計ソフトは上記のグラフとなります。

　統合した際の効果として、会計ソフトやITツールなどのシステムのシナジー効果があります。会計ソフトは、その事務所によってこだわりが出やすいものです。会計事務所によって、メインで使用する会計ソフトは全く異なります。

　そのため、会計ソフトの範囲を限定してしまっていて、他に便利なソフトが出ても閉鎖的になり、新たなソフトを使用しようとしない傾向があります。まさに武士の魂である刀のように、こだわりが強いのです。

　しかし、業務の内容によっては、メインで使用している会計ソフト以外のソフトの機能を駆使した方が効率が上がる場合があります。事務所が統合することにより、これまで使ったことのない会計ソフトに触れることで、臨機応変に使い分けることができるようになります。

また、業務の内容に応じて、それぞれの会計ソフトの利点を活かせるように、それぞれの事務所の使い方等を共有して融合できれば、業務の効率化をはかることができます。

　当社のM＆Aの事例でも、昔から使用していた会計ソフトしか使わないという文化に、クラウド型の会計ソフトなどの最新型のソフトを使う文化が融合した際、最初はなかなか浸透しませんでしたが、時間をかけてコミュニケーションをとり、それぞれの良さをわかり合うことができ、業務効率が格段に上昇した事例があります。

<table>
<tr><td>Q9</td><td>ルールの統合
　M&Aに際しての規程・ルール等には、どのようなものがありますか。</td></tr>
</table>

A　従業員が少数の場合には、あえてルールや規程等を明文化せず、所長税理士がルールブックとなり、直接所長税理士に確認すればすぐに答えを得ることが可能です。

　ただし、M&Aにより異なる文化をもっている者同士が一緒になる場合には、ルールを明文化したり、誰に確認し、誰の承認を得れば良いのかを明示しておかないと内部の確認だけでかなりの時間が割かれ、非効率になります。

　そのため職務権限規程を作成し、どのような手続きが必要で、誰にどのような決裁権があるのかを明確にすることが重要になってきます。

＜サンプル＞職務権限明細表

職務権限明細表

平成○年○月○日施行
令和○年○月○日改定

部門名：業務関連共通権限

【職務権限明細】　　　　　　　1：立案申請、2：協議、3：決裁・承認、4：報告

内　容		申請書類等	職務権限者			
分掌事項	分掌細目		A	B	C	D
営業業務	1）新規顧客の開拓に関する事項					
	2）業務提携に関する事項	業務提携契約締結 稟議書				
	3）セミナーの企画・運営	セミナー開催申請書				
	4）原稿の執筆	出版申請書				
	5）広告の掲出					
	6）書籍の贈呈	書籍贈呈申請書				

契約業務	1）契約意思の確認・契約締結	契約書類（押印）申請書				
	2）解約・解除などの処理	解約報告書				
	3）業務委託契約（外注 / 税務会計指導業務）					
請求・回収業務	1）顧問料の金額決定・請求	自動発生請求データシート（新規・変更）				
	2）入金管理					
	3）未回収管理					
受注業務	1）受任業務の処理					
	2）顧客への情報提供					
	3）顧問の弁護士・司法書士等との連携					
	4）担当者の変更					
	5）文書（重要書類）管理					
人事・服務管理	1）採用・配属等の人事管理	採用内定申請書				
	2）人事考課（昇降格含む）	人事稟議書				
	3）勤怠管理	勤怠管理システム				
	4）休職・復職	休職・復職の届出				
	5）出張申請（新幹線・航空機の利用を伴う場合）	出張予約システム				
	6）異動・転居（借上住宅 / 赴任手当 / 単身赴任手当）	異動（転居）に伴う申請書				
	7）自主研修の申請	自主研修 稟議書				
	8）資格取得					
	①資格取得報奨金の申請	資格取得報奨金申請書				
	②税理士・公認会計士登録	税理士・公認会計士登録申請書				
経費管理	1）慶弔申請・支出の決定	取引先慶弔報告書従業員慶弔報告書				
	2）小口現金（1万円未満）＜交際費除＜＞	稟議書支出（仮払）伺申請書				
	3）一般経費（10万円未満）					
	一般経費（30万円未満）					
	一般経費（30万円以上）					
	4）外注支払い（50万円未満）	外注費支払依頼書				
	外注支払い（50万円以上）					
	5）現金などの管理					

インフラ・システムの統合
　　インフラ・システムの統合とは、どういうことでしょうか。

A　　　結婚生活をはじめるためには必要なものを揃え、環境を整えますが、M&Aも同様です。ただ、揃えるものが幅広くなればなるほど1人では対応できません。対応する内容は、システム、経理、人事、総務などが関わってきますので、担当者とチームを組んで統合を進める必要があります。

　すべてを1人で対応できる人間はいないので、専門的に対応している管理業務の部分は専担者の方がスムーズに進めることができます。ただし、これは組織的に対応しているケースが多い買主側の話で、売主にマンパワーがなければ、所長税理士の負担が増えることになります。よって、優先すべき事項を確認しながら、下記に列挙したものを中心に統合を進めることになります。

(1)　全社員が使用するインフラ・システムの整備

① 　PC、メール・カレンダーなどの設定

② 　通信設備、携帯電話の設定

③ 　勤怠管理、交通費精算管理などシステムの設定

(2)　総務事項

　名義変更、引落し先の変更が必要となります。

　経費については、M&A契約時に継続して支払い続けるものと停止をするものの整理をする必要があります。

　・経費精算（交通費精算）

　・物品購入について

　・備品注文について（封筒、ファイルなど）

統合までのスケジュールを説明し、何をいつまでにやるかについての認識を相互に共有していくことが必要となります。

＜システム関連のチェック項目＞

	項目	内容	チェック
システム	リース契約	リース契約の契約名義の手続きはしているか	☐
	通信回線	通信回線（電話・ＦＡＸ）契約の契約名義の手続きをしているか	☐
		社内ＬＡＮへの接続はいつまでに完了するか	☐
	会計ソフト	会計ソフトは何を使っているか	☐
		会計ソフトのライセンス契約名義をどうするか	☐
	ＰＣ	既存のＰＣがそのまま使えるか	☐
		新規ＰＣに入れ替える場合、その手配ができているか	☐
	Web 会議	Web 会議システムの導入予定	☐
	勤怠管理	システムの導入予定	☐
	カメラ	事務所内のカメラシステムの導入予定	☐
	小口精算の方法	小口精算用口座はいつごろ開設されるか	☐
		小口口座の運用方法について説明しているか	☐
	交通費精算の方法	交通費精算のシステムについて説明しているか	☐

項目		内容	チェック
システム	立替経費精算の方法	立替経費精算のシステムについて説明しているか	☐
	出張申請の方法	出張申請のシステムについて説明しているか	☐
	交際費の取扱い	交際費の支出稟議の方法について説明しているか	☐
	事務用品の調達	事務用品の調達をどうするか	☐
	配送業者との契約	配送業者との契約をどうするか	☐

第 4 章

成長戦略としての
M＆A

～M＆Aを活かすための
仕組みづくり（実践編）～

Ｍ＆Ａを活かすために

　Ｍ＆Ａをすること自体が目的化してしまいがちですが、Ｍ＆Ａは一つの手法でしかありません。Ｍ＆Ａによりできた従業員や顧問先との縁を「つなぐ」ことにより、さらなる成長・発展をするための仕組みづくりが必要となります。

　そのためには、それぞれの良い点を知り、取り込み、擦り合わせていき、新しいカタチを築いていくことが重要です。

　未来を創るために共通すべきものは何かを考えプラットフォームを築くこと、顧問先や従業員に対して、満足してもらい幸せになるための仕組みを創るために何をすべきか。

　この章では、50以上の会計事務所と一緒になる過程において、辻・本郷税理士法人で取り組んできたことをご紹介していきます。

　統合することが目的ではなく、その後、どう成長・発展できるかを目的に考えていきます。

従業員が活躍できる環境を整える

(1) M&Aがきっかけでチャレンジできる

① 新規業務によるモチベーションの向上

　法人顧問を中心とした事務所の場合に、これまで経験することのできなかった業務に携わることができ、従業員のモチベーションアップにつながる場合があります。

　顧問先に対していろいろな提案をし解決したいと思っていても、法人業務を中心としていて相続や事業承継関連の事例がなく、経験を積むことができなかったので、積極的に顧問先に対して提案できないというケースがあります。

　そのような場合でも、統合後は専門業務のスタッフと同行して、提案をみていくにつれ、ノウハウを共有し、自分でも提案してみることができるようになります。

　特に、若い従業員はいろいろな経験をしてみたいという想いが強いので、伸びしろは大きく、2、3年後には専門業務チームの中心としてなっている実例もあります。

② マネジメント人材の育成

　M&Aをきっかけに会計事務所の事業承継を実践し、所長税理士の後を継ぐことで多くの経験を積むことができます。特に、長年リーダーとしてやってきた所長税理士からの引継ぎでは、学ぶことは多いです。

　事業会社の事業承継でも同じですが、バトンタッチしたからといって、いきなりやり方を変えたら、従業員も顧問先もついていけません。長年続いてきたやり方には、蓄積されたノウハウや共有認識があります。

　後任の人材は、スキルが高い人よりも、つなぐことができる人材の方が重

要です。1人ですべてを解決することが難しく、より専門的になっている以上、誰に相談すれば解決できるのかを知っていることの方が重要となります。

それは、事務所内でも同様で、誰に聞けば、その回答を持っているのか、目的に近づけるのかを知る必要があります。

新所長は、強力なリーダーシップを持っていないとできないと思いがちですが、逆にそのような場合には、まわりとぶつかるケースが多くなり、ギクシャクして、物事が進まなくなります。

想定通りに進まないことでも、状況判断をし、実行できる人材が、マネジメント力を身に着けるためには、重要な経験となります。

承継元に長く勤めている番頭のような方が新所長になるケースもあります。そのような場合、長年契約している顧問先の状況や、事務所の運営を理解しているのでスムーズに後任となることができます。

③ 優秀な人材の確保と人事の交流

採用が難しくなっているのはどの業種も同様ですが、会計事務所業界においても優秀な人材の採用ができるかどうかが、経営の最重要課題です。

M&Aの場合のメリットとして、人材を確保できる点があります。

また、事務所が複数あると、別の事務所を経験することにより、それぞれの良さを改めて知る機会となり、長く勤めてもらうことが可能となる場合もあります。

(2) 多様なキャリアを経験できる人事の仕組み

① チャレンジシートと満足度評価

年に一度、チャレンジシートとして、チャレンジしたい業務や異動希望について、組織に対しての意見などを全社員に記入してもらっています。その中に、仕事内容と働く環境について下記の項目の満足度評価が含まれています。

＜仕事内容について＞
  ・仕事にやりがいや達成感を感じる
  ・スキルや能力が身につく環境である
  ・現在の研修は業務に役立っている
＜働く環境について＞
  ・仕事とプライベートのバランスについて
  ・社内の人間関係について
  ・上司の自分に対する評価や対応について
  ・残業時間について
  ・職場のルールや規律について

　6年ほど前から満足度評価をしていますが、項目の中で満足度が低いものに対する施策の実行をしています。

　また、問題がある組織については、満足度が低くなる傾向がありますし、M＆Aした事務所なども統合当初は、不安が大きいので満足度が低いケースが多くなります。しかし、何年か経過すると改善してきます。継続的に把握できるデータとして、改善策を施すべき組織かどうかの判断材料として活用できます。

②　ＦＡ・公募制度

　チャレンジシートでも、今後チャレンジしたい業務などを知ることができますが、もっと具体的な行動を促すのが、ＦＡ制度といわれる異動を希望するための自己申告制度（年2回実施）です。こちらも導入して6年ほど経ちますが活用されており、退職率は下がってきています。

　希望する業務がある場合や他の勤務地で働きたい場合などに手を挙げることができます。

　ただ、所属しているチームとしては、中心となって活躍してくれたスタッフがいなくなると困るので、一定期間を置いてから異動するケースもあります。

　また、公募制度では、事務所開設、新事業やプロジェクトの立上げに対し

て、積極的に参加できる機会を設けています。

　自分のキャリアは自身の前向きなチャレンジを実現するための仕組みづくりととらえましょう。

③　評価制度、給与制度

　M&Aには人事面のシナジー効果があります。例えば、統合前は、人事評価の評価軸というものが明確に存在しておらず、昔から年功序列により昇給昇格がなされていた場合にはその事務所の若いスタッフは、その事務所の不明確で古い体質の評価制度に不満があります。M&Aにより、評価体制が整い、チームの売上や個人の生産性によって評価をすることが明確になり、今では自ら考えて、行動を起こし、納得できる評価をしてもらうことで働く意欲が高まったと話しているケースがあります。

　なお、当社でアンケートをとった際に、期待度と満足度のギャップが一番大きかったのが、評価制度や給与制度についてでした。

　特に、給与制度について、統合した事務所により相当な差があり、各人が納得できる制度を模索しています。

(3)　採用方法の多様化

　M&Aを検討する際の理由にもありますが、人員不足にどう対応していくかは、大きなテーマです。M&Aの際に、人を補充してほしいという話を大半のケースで受けます。

　以前は当社も、税理士試験を受験して、合格科目3科目以上等を入社条件としていましたが、最近では、税理士試験の合格科目を有していない新卒者を採用し、育てる育成社員制度や受験勉強を優先できるようなSST制度（次頁②）を設けています。

　特に、育成社員のように税理士の勉強をしていない場合には、研修システムが必要となりますのでキャリアサポートの体制を整え、即戦力化を目的として教育をし、入社して6か月で担当を持つことを目標にしています。

① 育成社員制度

　4年前から導入した制度で、新卒社員を採用し、生え抜きを一から育てていくという育成社員制度です。

　育成社員として入社した社員は、入社から2年間は税理士資格の取得を優先します。育成期間中は、社会人マナーから実務力養成まで（法人税申告書、相続税知識、年末調整、確定申告業務）、一連の基礎的な業務を網羅的に学べる集中トレーニングを定期的に受講してもらいます。そして受講後は、効果測定（フィードバック）をすることで知識の定着を図らせるという一連の取組みを行っています。

　会計業界では、即戦力が重宝がられ、未経験者を敬遠する傾向がありますが、人手不足の今だからこそ、発想の転換をして人材を確保する必要があります。退職率は低く、多くの者が生え抜きとして将来を見据えたキャリアプランを考えています。

② ＳＳＴ制度

　ＳＳＴ制度とは、働きながら資格学校に通い、税理士の資格を取得できる仕組みです。長期アルバイトとして税務の実務を積み、資格取得後は社員として活躍できる場が用意されています。未経験者でも一から仕事を覚えられる上、学校の授業に合わせて仕事ができるので受験勉強との両立が可能です。学校で勉強してきた知識と実務経験を重ねれば、成長スピードも格段に上がります。税理士資格受験者が成長するための環境を整えています。

　ＳＳＴ制度ができて10年近くなりますが、この制度を活用して税理士に合格し、現在は各事務所の所長など責任者になっているスタッフが大勢います。

③ 復職（ウェルカムバック）制度

　「隣の芝生は青く見える」わけではありませんが、他の事務所のやり方をみてみたい、業務の幅を広げたいなどを理由に他事務所に転職した場合で、前の方が良かったなと感じるケースもあります。そういったケースに対応するため、一度退職した社員が戻ってきても、退職前と同条件で復職できる制

度を設けました。

　元社員を迎えることは、双方にとって有用であると考えます。社内のことをよくわかっているので復職してもスムーズに業務に戻れますし、元社員としても勝手がわかっている職場は、ゼロから関係を作るのではないので、ストレスが少なくてやりやすいというメリットがあります。何よりも即戦力として力を発揮してくれています。

　最近、この制度を利用して復職する社員が増えています。会計事務所の人材の流動化は今に始まったことではありませんが、これを逆手にとって、戻ってきてくれるためのつながりも大切にすることが必要と考えています。

目的を決めた教育システム

　育成社員制度やＳＳＴ制度の対象者といった未経験者を中心に、早期育成するための仕組みを導入しています。研修をすることが目的化しがちですが、真の目的は「早期育成をし、即戦力化すること」と明確にして、人材育成のPDCAを実施します。配属先によって育成度合に差が生じてしまうという課題もあり、特定の業務に集中的に取り組むことにより、それぞれの業務内容を早期に習得させるとともに、Webでのトレーニングとして動画を活用し、効果測定とフィードバックを徹底することで計画性をもって育成することが狙いです。

　そのために大切なことは、業務フローを標準化すること、明確な目標設定をすることにあります。次のようなイメージです。

速習システムとは？

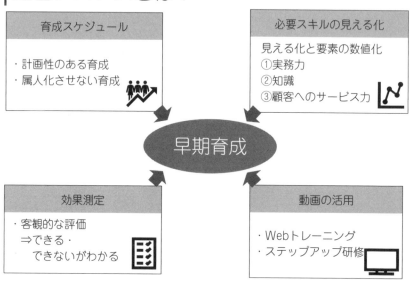

育成スケジュール

・計画性のある育成
・属人化させない育成

必要スキルの見える化

見える化と要素の数値化
①実務力
②知識
③顧客へのサービス力

早期育成

効果測定

・客観的な評価
　⇒できる・
　　できないがわかる

動画の活用

・Webトレーニング
・ステップアップ研修

速習システム導入の背景

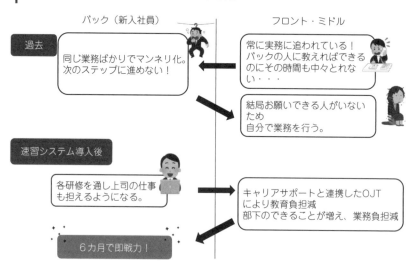

バック（新入社員）　　　　　　　　　　フロント・ミドル

過去

同じ業務ばかりでマンネリ化。
次のステップに進めない！

常に実務に追われている！
バックの人に教えればできる
のにその時間も中々とれな
い・・・

結局お願いできる人がいない
ため
自分で業務を行う。

速習システム導入後

各研修を通し上司の仕事
も担えるようになる。

キャリアサポートと連携したOJT
により教育負担減
部下のできることが増え、業務負担減

6カ月で即戦力！

必要スキルの見える化

【目的】
　実務力・知識・顧客へのサービス力の３つの要素を数値化し、
　各自の強み・弱みを見える化することにより、強化ポイントを把握する。

【求められるスキルと基準】
①実務力（実務処理能力）
　　→試算表作成・消費税判定
　　　決算書作成・申告書作成

②知識（実務力の基礎）
　　→社内試験点数、
　　　試算表・申告書作成の為の知識

③顧客へのサービス力
　　→笑顔・あいさつ
　　　顧客へ安心を提供するため
　　　の必要スキル

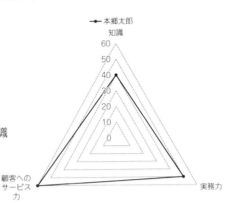

効果測定

効果測定表イメージ

効果測定項目			できたらチェック
（①～④　各項目全てにチェックが入ったらそれぞれの到達基準クリアとなる ）			
①試算表	到達基準	・正確な試算表が作成できる	
	項目	・貸借対照表残高を合わせることができる	✓
		・消費税の課非判定が正確にできる	
		・前期比較表を用いて、異常値のチェックができる	
		・月次推移表を用いて、異常値のチェックをする	✓
		・不足資料、確認事項をまとめて担当者へ報告できる	
②決算・申告書	到達基準	・決算書，内訳書が作成できる	
		・法人税，消費税申告書が作成できる	
	項目	・決算整理に必要な資料を案内、収集できる	✓
		・固定資産台帳から当期償却額を計上できる	
		・消費税精算仕訳が計上できる	
		・決算整理仕訳を漏れなく計上できる	
		・必要な勘定科目内訳書を作成できる	

出来てない
業務が何か分かる
＝対策がとれる

業務ができるように
なったらチェックする

●新人一人につき、メンターを一人選出
●効果測定結果をシートへ入力（各メンター）
●メンターが測定結果を新人へフィードバック

顧問先に対する付加価値の向上

　経営統合をしたことにより、提供できるサービスの幅が広がったり、得意な業務を伸ばすことができれば、顧問先への付加価値が大きくなります。

　例えば、法人顧問や確定申告などの業務が中心の事務所が、相続税や事業承継のスポット業務が得意な事務所と統合した場合に、顧問先に対して、今まで提供してこなかったサービスを提供することにより、収益性が高くなります。

　当社の場合ですが、経営統合後に伸びている事務所の共通点として、所長税理士や担当者が法人顧問先との関係が強い場合に、顧問先の事業承継や相続対策等の提案を、専門のスタッフが法人担当者と協力して行います。

　顧問先の社長も一生に何度も経験しないことですので、事業承継や相続を専門にしている担当者がいると安心され、経営統合して良かった感じていただくケースが多いようです。

　相続や事業承継といったスポット業務に限らず、給与計算や社会保険、保険や不動産についても専門的に担当している者がいると、自分だけではわからないことでも、専門家と一緒に解決することができます。

　売主が専門業務に特化している事務所の場合、買主側にとっても新業務ができるようになり、モチベーションアップだけでなく、売上が向上するケースもあります。

　例えば、公会計や社会福祉法人、ヘルスケアといったカテゴリーで強い事務所をM＆Aした場合に、ノウハウや営業手法を横展開することができれば、専門性を他の地域に広げていくことが可能となります。

　当社が最初にM＆Aをした所長税理士に、統合して何が一番良かったのか尋ねたところ、「1人で調べて、1人で判断をするのは、とても不安だった。詳しい人に聞けるのが、組織力だよ」と言われたのを今でも覚えています。

担当者1人で解決できることは限られていますし、視点が一方的だと気づかないこともあります。担当者が他の専門スタッフにつなげて、経営者の悩み事や方向性の相談をチームで対応できることが、顧問先に安心感を提供できることだと実感しました。

　結果として、既存の報酬以外にも新たな報酬が増えていき、事務所として成長することになります。

拡大する組織への対応

(1) 情報とナレッジを共有するために

　M&Aにより事務所が増えていく中で、当社では情報やノウハウ、決定事項等をいつ、どのように伝えて、共有し、実行するかが課題となっていました。

　現在は、下記のような方法を実施しています。

① 月1回の全社会議を開催

　情報の提供が多くなればなるほど、一つ一つの情報は薄まっていきますが、全社的に共有しなければならないものもあります。当社では、月1回の全社会議を開催し、会社理念・ビジョン等を共有しています。

② 懇親会支援制度

　当社の懇親会支援制度とは、部門・事務所の結束力やチームワークを高めることができるようサポートをするものです。年3回開催し、部門（管理本部含む）・事務所単位で行われる懇親会については参加者1人当たり3,000円を補助しています。

③ 社内試験

　全社員が学ぶ場、プラットフォームとして、毎週月曜日の始業時間に20分の社内試験を実施しています。

　設立以来毎月1回土曜に研修を実施していましたが、事務所数や人数が増えてきたことにより、一つの研修を皆で一斉に受けることが非効率となり、また、当事者意識が薄くなってきました。興味がない者を一方的に研修したとしても、身につくものではありません。

毎月１回の土曜研修を廃止した代わりに、毎週20分だけ５問を質問し、全社員が回答するという至ってシンプルな「社内試験」を導入しました。

　時間になったらメールで試験が送信されます。５問のうち、４問が３択、１問が計算問題です。インターネットなどで検索して回答を導き出すことも可能です。

　毎回その場で本人も何問正解しているかがわかり、解説も出ていますので、間違った場合にも復習になります。

　全社員のデータがわかりますので、全社的に間違いが多い問題については、注意喚起をします。

　また、確定申告時期や年末調整・償却資産の時期、消費税改正の時期などその時節柄の問題を出すことにより、ミスの防止を意識させています。

　一方的な研修ではなく、参加型にすることにより楽しんで学ぶことを実践しています。また、点数がわかることにより自分の立ち位置が把握できます。毎月の成績上位者を表彰し、「ＴＡＸマイスター」の称号を付与しています。

社内試験・表彰イメージ

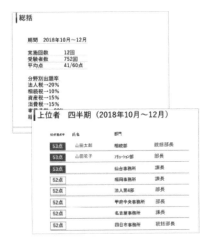

社内試験　上位者へ称号を付与

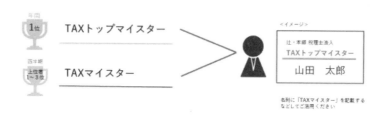

TAXマイスター

試験の上位者には「TAXマイスター」の称号を付与いたします

④　業務管理システム（ナレッジの共有）

　会計ソフトは、各事務所に今までのやり方があり、また、その提供している試算表等が一種の商品となっているケースがありますので、Ｍ＆Ａをしてもすべてを統一していません。

　ただし、顧問先への訪問履歴や相談ニーズを残しておくシステム（ＴＨクライアント）を作成し、面談時にレポートとして残すことをルールとしています。

　今までは、面談時の記録の残し方にルールがなかったので、紙でメモする者もいれば、エクセルに記録する者もいましたが、現在は面談レポートに集約されています。

　顧問先から相談されたニーズもわかる上、上長へも報告されるので、何か問題が起きてもフォローができるようになっています。顧客ニーズをデータ化することで、提案等ができるような仕組みを作っています。

　このＴＨクライアントには、どの顧問先に、どのくらいの時間、何を提供したかという業務レポートを残すことになっています。業務分析をするための資料として役立っています。

「業務レポート」の入力

「生産性を上げ、効率を意識して日々の業務にあたる」ため
2018年10月よりTHクライアント「業務レポート」の入力をお願いしています。

※顧問先別に対する提供時間、各人の作業時間や内部売上等の把握をし、
生産性向上のための指標としてデータを活用しています

(2) 30人のカベを超えるためのマネジメント

　会計事務所の所長1人が従業員をマネジメントできる人数のカベは何人でしょうか。

　当社で新規開設した事務所も、M&Aにより統合した事務所も、30人が大きなカベであることを実感しています。

　所長が牽引して10人の組織を築くことはできます。そのあとも、なんとか20人まで引っ張っていくことは可能です。

　ただ、所長は営業に実務にマネジメントにと1人で多忙を究めます。20人前後になると1人1人の仕事をみることができなくなり、マネジメントの問題が発生するケースが多いのです。

　30人を超える前にしっかりと組織を作りあげるべきですが、そのまま1人で引っ張っていってしまうと、退職者が増えたり、人間関係が悪化したりし、そのあとの事務所運営が苦しくなります。

なにより、1人で踏ん張っている所長が、実務も、営業も、マネジメントにも手を出すこととなり、疲弊していきます。

　M&Aをした当初は、当社から税理士を会計事務所の所長として据え、しばらくうまく運営していましたが、事務所が成長すればするほど忙しくなり、所長自身の首を絞めるというケースがありました。

　事務所の拡大に合わせて所長自身も役割を変えていかなければならかったのに、当初と同じ役割分担で進めてしまって、そのまま組織作りに着手してしまいました。

　危機感を覚えた当社はこの段階で、その会計事務所のマネジメントを切り離して、事務局を設けました。事務局の役割は、所長をサポートする管理業務です。

　業務上必要な期日管理、顧問先に関する管理、勤怠管理などマネジメント業務の職務分掌を作成し、設置しました。

　所長の役割は、実務と営業を中心に業務を進めるという仕組み作りです。マネジメントを切り離すだけでも、実務に集中することができ、所長のモチベーションを維持できるようになりました。

（事務局の職務分掌）

大項目	中項目	ToDo
期日管理	法人決算・申告スケジュール管理	決算スケジュール確認、法人税等申告書提出期限管理
	法人年次スケジュール管理	償却資産税、法定調書合計表等提出期限管理
	相続税申告スケジュール管理	相続スケジュール確認、相続税申告書提出期限管理
	スポット案件スケジュール管理	業務進捗、お客様との最新コミュニケーション管理

大項目	中項目	ToDo
顧問先管理	担当者別関与先一覧	担当者別、決算月ごとの関与先一覧
	月次・訪問等の業務進捗	顧問先管理表の入力
	契約書	契約書締結分の管理
	請求	請求書発行
	請求予定データ	請求予定データの修正
	未収	振替不能先対応、未収入金対応　担当者へ状況確認
	顧問先別生産性	顧問先別時間単価の確認
就業管理	時間外（残業管理）	残業アラート
	勤怠の締め	打刻漏れ等のエラー消込　翌月2営業日までに確定させる
	業務時間管理	業務別、顧問先別対応時間の管理
人事事項	採用・入退社手続き	採用サポート、入社時オリエンテーション、メンター選出
	チーム研修	内容報告
総務事項	社内申請	
	現金等管理	小口現金の入出金管理、切手管理
	発送等	領収書取り纏め
	備品書籍等発注・管理	事務所内の備品書籍の発注管理

　M&Aしても組織が安定している事務所には、マネジメントを中心でこなす事務局（総務）などの存在があるものです。M&Aを進める場合にも、それぞれの負担を軽減する事務局の存在をアピールすることでスムーズに話がまとまる可能性もあります。

●会計事務所の M&A 関係契約書等の書式のダウンロード

本書で掲載した書式を下記サイトからダウンロードいただけます。

ZEIKEN LINKS 特設サイト

URL：https://links.zeiken.co.jp/notice/5221

※　本サイトの書式は、あくまでも一例となっております。使用する内容にあわせて、文言などを適切に追加・修正・削除してご利用ください。法令等は改正等される場合もございますので、ご使用の際には法律の専門家に相談することをお勧めします。

※　契約書等の書式の使用結果について、著者及び株式会社税務研究会は一切の責任を負いかねますのでご了承ください。

※　本サイトは、予告なく公開を終了する可能性がございます。

＜辻・本郷 税理士法人＞

平成14年4月設立。全国に65の事務所を設け、顧問先数13,000社、スタッフ1,700名（関連グループ会社を含む）を擁している。お客様の多様なニーズにお応えする税務コンサルティング、相続、事業承継、医療、公益法人、公会計など専門特化したプロ集団。弁護士、不動産鑑定士、司法書士との連携により顧客の立場に立ったワンストップサービスとあらゆるニーズに応える総合力をもって業務展開している。

https://www.ht-tax.or.jp/

＜辻・本郷 ビジネスコンサルティング株式会社＞

国内最大手の会計事務所である辻・本郷税理士法人のグループコンサルティングファーム。

中小企業のお客様を中心に、M&A、事業承継、FAS、事業再生、IPO、事業戦略策定、補助金・助成金申請・ファンド運営等の各サービスを提供する中で、経営の課題を抽出し、解決の実行支援を行っている。

また、会社設立から企業の成長・事業領域の拡大、M&Aや事業承継、個人の資産承継、再生・廃業支援まで一気通貫でサービスを提供している。

そのため、M&Aについては、売主の事業売却後のライフプランや資産承継対策も視野に入れたサポート、事業承継については、株式や経営権の承継手続きのみでなく、承継前の組織作り、承継後の後継者の組織運営のサポートをといったソフト面でのコンサルティングを実施している。

https://www.ht-bc.jp/

＜著者紹介＞

黒仁田　健（くろにた　けん）

　法政大学卒業。2003年辻・本郷　税理士法人に入社、税理士試験合格。一度退職するが、再入社する。

　事業承継による M&A を実施した小田原事務所の所長を経て、横浜事務所・湘南事務所・町田事務所を開設し、神奈川エリアの責任者を経験。その後、経営企画室室長、執行理事に就任。

　M&A の責任者として、会計事務所の M&A を実践するとともに、地域密着を目指した会計事務所の開設を行っている。

土橋　道章（どばし　みちあき）

　青山学院大学卒業。勤務先の会計事務所が M&A される形で2009年より辻・本郷　税理士法人に入社。税理士。

　中小企業から上場企業まで、再生、再編、IPO、M&A、連結納税等の各種税務に従事。

　2015年10月より辻・本郷　ビジネスコンサルティング株式会社に転籍、2019年9月より同社代表取締役社長。事業承継、M&A、経営支援についての実務をサポートしている。

会計事務所の事業承継・M&Aの実務

（著者承認検印省略）

令和2年9月5日　　初版第1刷印刷
令和2年9月15日　　初版第1刷発行

　Ⓒ　編著者　辻・本郷税理士法人
　　　　　　　辻・本郷ビジネスコンサルティング株式会社
　　　著　者　黒仁田　健
　　　　　　　土橋　道章
　　　　発行所　税 務 研 究 会 出 版 局

週　刊　「税務通信」　発行所
　　　　「経営財務」

代表者　山　根　　　毅

〒100-0005
東京都千代田区丸の内1-8-2　鉄鋼ビルディング
振替00160-3-76223

電　話　[書 籍 編 集]　03 (6777) 3463
　　　　[書 店 専 用]　03 (6777) 3466
　　　　[書 籍 注 文]　03 (6777) 3450
　　　　（お客さまサービスセンター）

各事業所　電話番号一覧

北 海 道　011 (221) 8348　　関　　　西　06 (6943) 2251
東　　北　022 (222) 3858　　中　　　国　082 (243) 3720
関　　信　048 (647) 5544　　九　　　州　092 (721) 0644
中　　部　052 (261) 0381　　神 奈 川　045 (263) 2822

当社 HP　https://www.zeiken.co.jp

乱丁・落丁の場合は、お取替え致します。　　　印刷・製本　三松堂株式会社
ISBN978-4-7931-2513-3